CODE-MANUEL

COMMISSAIRES-PRISEURS

Beaugenc. Imp Laffray.

CODE-MANUEL

DES

COMMISSAIRES-PRISEURS

ET DES

Notaires, Greffiers de Justice de Paix et Huissiers

considérés comme

OFFICIERS VENDEURS ET PRISEURS DE MEUBLES

Rédigé d'après les Ouvrages

DE

M. BENOU ET DE M. LE HIR

et mis au courant

DE LA LÉGISLATION & DE LA JURISPRUDENCE

PAR

CHARLES CONSTANT

Avocat à la Cour d'appel de Paris,
Officier d'Académie.

—

TOME II

PARIS

ALFRED CHÉRIÉ, LIBRAIRE-ÉDITEUR

36, 38 et 40, rue Hallé, 36, 38 et 40

—

1884

CHAPITRE XVI

—

DE LA VENTE VOLONTAIRE

361. — La vente publique volontaire de meubles est celle qui est faite à la requête d'une ou de plusieurs personnes maîtresses de leurs droits. Il faut en outre que le droit de propriété qu'elles ont sur ces meubles ne puisse être contesté. Si donc les meubles dépendaient d'une succession dans laquelle seraient intéressés des mineurs, ou bien si les co-partageants n'étaient pas tous d'accord pour les faire vendre, si encore la sucession n'avait été acceptée que sous bénéfice d'inventaire, ou bien enfin si les meubles étaient saisis, etc., dans tous ces cas la vente qui serait faite ne serait pas volontaire.

362. — Les formalités qui doivent précéder la vente volontaire consistent, comme nous l'avons dit plus haut (nᵒˢ 241 et suiv.) dans les diverses déclarations à faire an bureau de l'enregistrement, à la chambre des commissaires-priseurs, à l'administration des monnaies; dans l'arrangement, le lotissement et le recolement du

mobilier, s'il y a lieu ; dans une certaine publicité à donner à la vente, cette publicité étant d'ailleurs laissée à l'appréciation des vendeurs.

Quant au procès-verbal que doit constater la vente volontaire, il est toujours rédigé dans la même forme, soit qu'il s'agisse de vente volontaire, soit qu'il s'agisse de vente forcée ou judiciaire, sauf, toutefois, les mentions relatives à la réquisition et à la cause de la vente, aux noms des adjudicataires et aux termes de paiement, le crédit et les délais pouvant être accordés dans les ventes volontaires.

Dans la vente volontaire comme dans les autres, le commissaire-priseur ne doit recevoir aucune somme au-dessus de l'enchère, sous peine de concussion. Inutile d'ajouter qu'il ne peut davantage transiger avec les parties pour ses frais et honoraires.

Quant aux conditions extraordinaires imposées dans la vente volontaire, elles ne peuvent l'être que sur la réquisition expresse du propriétaire vendeur ; ce ne sera donc que sur son consentement que le commissaire-priseur pourra exiger des adjudicataires, 5 %, ou plus, en sus du prix d'adjudication. Il en est ainsi, à plus forte raison, de tout ce qui est relatif au terme donné pour le paiement et au crédit spécifié au procès-verbal de vente. La réquisition du vendeur sur tous ces points doit être expressément mentionnée au procès-verbal.

363. — Dans les ventes volontaires, tout comme dans les ventes forcées, le vendeur ne peut retirer l'objet mis en vente dès que la mise à prix a été couverte par une

enchère (1). Le principe du code civil aux termes duquel la vente est parfaite entre les parties aussitôt que l'on est convenu de la chose et du prix, ne cesse pas d'être applicable parce que le vendeur, au lieu de se mettre directement en rapport avec l'acheteur, a préféré avoir recours à l'intermédiaire d'un tiers ayant un caractère public, et courir les chances d'augmentation de prix résultant de l'exposition en vente aux yeux de présumés acquéreurs réunis en nombre plus ou moins considérable. Les lois spéciales sur les ventes aux enchères publiques ne contiennent aucune dérogation à cet égard, et il en résulte que tant que la mise à prix d'un chose mobilière exposée en vente n'est pas couverte, le vendeur, ou le commissaire-priseur son mandataire, peut retirer l'objet mis en vente; il n'y a dans ce cas, qu'une proposition de vente non acceptée; mais, aussitôt qu'une enchère a couvert la mise à prix, il y a entre le vendeur et le premier enchérisseur vente parfaite, sous la condition que la première mise à prix ne sera pas couverte. Lorsqu'un second enchérisseur se manifeste, le premier accord est résolu à son profit, et ainsi de suite; mais le vendeur s'est trouvé irrévocablement dessaisi, dès la première enchère, du droit de revenir sur sa proposition et n'a plus d'autre moyen de rentrer dans sa propriété qu'en se portant lui-même surenchérisseur (2).

---

(1) Voir en ce sens un article de M. Le Hir dans le *Journal des Commissaires-Priseurs*, t. I, p. 73.

(2) Voir en ce sens un jugement du tribunal de la Seine, en date du 9 février 1882, *Journal des Commissaires-Priseurs*, 1882, p. 59; ainsi qu'un avis exprimé dans le même journal, 1883, p. 223.

364. — Après les observations ci-dessus au sujet de la vente volontaire, nous n'avons plus qu'à donner la formule d'un procès-verbal.

FORMULE D'UN PROCÈS-VERBAL DE VENTE VOLONTAIRE.

(En tête doit être transcrite la déclaration préalable faite au bureau de l'enregistrement, conforme à la copie délivrée par le receveur.)

L'an mil huit cent quatre-vingt quatre le......, heure de....

A la requête de.... (Désigner les nom, prénoms, profession et domicile de celui ou de ceux qui requièrent la vente et leur titre de propriétaire ou de mandataire du propriétaire, ayant capacité légale pour disposer de la chose; l'acte notarié ou sous-seing privé (1) contenant mandat doit être certifié par le mandataire et annexé au procès-verbal pour la garantie de l'officier public.

Il va être par nous.... (nom, prénoms qualité et demeure de l'officier public), *procédé à la vente aux enchères publiques de. . . , .* (Indiquer ici la nature des objets; s'il y a

---

(1) La procuration peut être sous seing privé; il importe cependant que l'officier vendeur s'assure que le mandat n'est pas supposé, que la signature est bien réelle.

Modèle d'une procuration sous-seing privé.

Je soussigné (nom, prénoms et qualités du vendeur), *demeurant à . . . . . ., rue. . . ., n°. ., donne par ces présentes pouvoir à M. . . . . .* (nom, prénoms et qualités du mandataire), *demeurant à. . . . . ., rue. . . . . ., n°. . . . . ., de pour moi et en mon nom faire procéder à la vente publique et aux enchères, par le ministère de tel officier vendeur que bon lui semblera* (ou le dé-*signer), de tout le mobilier garnissant mon appartement (à tel endroit ou en donner le détail); à cet effet, faire toute réquisition, autoriser l'officier vendeur à donner à la vente une publicité même extraordinaire, par catalogues, et imposer aux adjudicataires toutes conditions que bon lui semblera, notamment de*

eu inveutiire préalable de ces objets, on l'énoncera (1); *et
ce, dans une pièce au. . . . étage, dépendant d'une maison
sise à. . . . . rue. . . . . n°. . . . .*

*Au fur et à mesure de la représentation qui nous sera faite
du tout par M...* (Dans ces sortes de ventes, la représentation est faite d'ordinaire par le requérant lui-même).

Pour parvenir à laquelle vente, nous avons fait notre déclaration à la Chambre des commissaires-priseurs (s'il y a lieu), *et au bureau d'enregistrement du... arrondissement de... ainsi qu'il résulte de la copie transcrite en tête des présentes, et dont extrait demeure ci-annexé, et à la Monnaie* (s'il y a lieu). *Nous avons, en outre, fait annoncer ladite vente par...* affiches, placards, *et par* (nombre des insertions, catalogues, notices, etc.)

Après avoir fait mettre à la porte extérieure de la maison où nous sommes, des affiches indicatives de vente, et attendu qu'il nous est apparu nombre suffisant d'enchéris-

---

leur faire payer 5 p. °/₀ en sus des adjudications, signer tous procès-verbaux de réquisitoire d'arrangement ou de vente, fixer par avance les frais de déboursés et honoraires qu'occasionnera la vente ou en requérir la taxe, clore, débattre et arrêter le compte de l'officier vendeur; recevoir le produit de la vente, donner tous reçus, quittances et décharges, et généralment faire tout ce qui sera nécessaire et dans l'intérêt de ladite vente. promettant avoir le tout pour agréable.

Bon pour pouvoir à. . . . . ., le. . . . .

(Signature du mandant).

Au bas dudit pouvoir doit être inscrite par le mandataire la mention suivante :

Certifié le présent pouvoir véritable par le mandataire soussigné, comme devant demeurer annexé à. . . . .

(Signature du mandataire).

Cette procuration doit être enregistrée. L'autorisation d'arrêter le compte n'est pas la conséquence de l'autorisation donnée pour vendre, il faut donc qu'elle soit l'objet d'un pouvoir spécial·

(1) Il a été jugé· par jugement du tribunal civil de la Seine du 6 février 1850 (*Journal des Commissaires-Priseurs*, 1851, p. 316),

*seurs, nous leur avons donné lecture à haute et intelligibl*ᵉ *voix des conditions suivantes, comme étant celles sous lesquelles nous allions procéder aux adjudications des meubles et objets mobiliers que se propose de vendre ledit sieur requérant, au fur et à mesure qu'il les présentera à cet effet.*

ART. 1ᵉʳ. *Les objets seront vendus sans aucune garantie autre que celle des faits et promesses du requérant.*

ART. 2. *En conséquence, les adjudicataires n'auront aucune action soit en résolution, soit en dommages-intérêts, soit en diminution de prix, à exercer contre lui pour raison, soit d'éviction, soit de défauts apparents, soit même de défauts cachés, à moins que l'éviction ne provienne d'un fait à lui personnel, ou qu'il ne soit prouvé qu'il connaissait les vices cachés.*

ART. 3. *Le prix sera payable dans le délai de.... mois entre les mains de...* (l'officier public ou le requérant).

ART. 4. *Les adjudicataires paieront en sus du prix cinq centimes par franc pour frais.*

ART. 5. *Ceux qui se libéreront comptant seront affranchis de ces frais.*

ART. 6. *Le requérant renonce au droit de responsabilité du prix de la vente établi en sa faveur par la loi contre l'officier public vendeur, nous ayant requis expressément, dans l'intérêt de la vente, d'accorder le délai ci-dessus indiqué aux personnes qui se rendraient adjudicataires* (1).

---

qu'un commissaire-priseur n'est pas passible d'amende pour avoir procédé à la vente publique de meubles aux enchères avant que l'inventaire ait été enregistré, si la vente ayant été faite en vertu et en exécution d'une ordonnance du président du tribunal, il n'a pas eu à énoncer l'inventaire dans son procès-verbal et ne l'a pas énoncé. Nous pensons qu'il en serait de même si la vente était purement volontaire.

(1) Consulter toutefois dans le *Journal des Commissaires-Priseurs* 1883, p. 224, la formule que nous avons cru devoir recommander pour que les officiers ministériels soient garantis de tout recours en cas d'insolvabilité de certains acquéreurs, dans les délais impartis.

Art. 7. *Les enchères ne seront admises qu'autant qu'elles seront faites par des personnes capables, et en outre il sera facultatif à l'officier public d'exiger caution de celles qui ne paieront pas comptant, à peine de rejet de l'enchère et de continuation de la vente de l'objet sur la mise précédente.*

Art. 8. *L'officier public sera appréciateur des cas de folle-enchère et autorisé à procéder de suite, quand il le jugera convenable, à la revente, sans la nécessité de l'observation d'aucune formalité.*

En conséquence, nous avons procédé à ladite vente dans l'ordre, et ainsi qu'il suit, après avoir rédigé le procès-verbal d'ouverture, en présence des sieurs........., témoins connus et requis, qui l'ont signé avec nous et le sieur requérant (ou bien lorsque le requérant ne sait ou ne ne peut signer) *qui seuls l'ont signé avec nous, le requérant ayant déclaré ne savoir ou ne pouvoir signer ;* (il faut que les témoins sachent signer.)

(Signatures.)

DÉSIGNATION ET ADJUDICATION DES OBJETS :

1° *Un lot de poterie, faïence, verrerie, adjugé trois francs dix centimes à M..... (1), ci*   3   10

2° *Cinq couverts d'argent pesant* (poids en grammes), *adjugés à la charge du contrôle et sans garantie de titre, trois cents francs à M..... qui casse ou contrôle (2), ci*.   300   »

---

(1) Dans les ventes volontaires, le commissaire-priseur ne fait mention des noms des adjudicataires que pour constater à qui il fait crédit et se rendre compte à lui-même ; il n'y est pas forcé comme dans les ventes judiciaires.

(2) Si l'on ignore le poids au moment de la vente, l'objet peut être vendu à raison de...... le kilogramme · alors la pesée doit, après la vente, être faite par le commissaire-priseur en présence de l'acquéreur.

3° Une montre en or, adjugée, sans garantie de titre, cent francs à M..... (qui casse ou contrôle si elle doit, c'est-à-dire si elle n'est pas marquée du poinçon voulu), ci.   100   »

4° Dix-sept exemplaires brochés œuvres de Molière, adjugés à raison de deux fr. cinquante centimes l'exemplaire, à M..... ce qui donne, ainsi qu'il a été reconnu par l'adjudicataire, un total de la somme de quarante-deux francs 50 centimes, ci   42   50

5° Une construction en planches couverte en tuiles (la désigner autant que possible), *après avoir annoncé aux marchands et enchérisseurs, à haute et intelligible voix, que la vente de cette construction était faite à la charge, par l'adjudicataire, 1° de faire la démolition et l'enlèvement dans la quinzaine qui suivra immédiatement la vente, et de rendre à cette époque les lieux libres et exempts de réparations locatives ; 2° de faire à ses frais toutes les réparations nécessitées par ladite démolition ; ladite construction criée à 600 francs, et adjugée, en outre des charges ci-dessus, moyennant la somme de douze cents francs.* à *M. Pierre* (profession et demeure), *ci* . .   1,200   »

Et a le sieur Pierre, acquéreur, après avoir pris connaissance de nouveau des charges qui lui sont imposées signé après lecture.

(Signature de l'ajudicataire.)

365. — Si l'on avait à comprendre dans la vente des objets de même nature dont la réunion ou la division pût présenter quelques chances avantageuses au vendeur, tels que par exemple, deux chevaux pouvant faire atte-

lage, le commissaire-priseur pourrait, dans l'intérêt du vendeur et à sa réquisition expresse, et, pour satisfaire au désir et à l'exigence des enchérisseurs, les vendre d'abord provisoirement en deux lots, pour ensuite ces deux lots être réunis en seul, et être adjugés définitivement. Voici la marche à suivre :

A la réquisition expresse de M. (vendeur), nous avons fait mettre en vente (avec ou sans garantie) : *1° un cheval sous poil bai, taille de. . . . âgé de. . . . .* (marque distinctives); *2° un autre cheval* (désignation); *et avant, nous avons annoncé, à haute et intelligible voix, que ces deux chevaux seraient d'abord vendus séparément en deux lots et adjugés provisoirement pour être ensuite réunis et vendus en un seul, et être adjugés définitivement si le montant des deux adjudications préparatoires se trouvait couvert d'enchère; dans le cas contraire, nous avons annoncé que les deux adjudications préparatoires deviendraient définitives.*

En conséquence, nous avons fait exposer en vente : 1° le cheval ci-dessus désigné sous le n° 1ᵉʳ, lequel a été crié à la somme de trois cents francs, et adjugé provisoirement et préparatoirement à la somme de cinq cent francs à M. Pierre, ci . . . . 500 fr.

Et 2° le cheval désigné sous le n° 2, lequel a été crié à deux cents fr., et adjugé provisoirement à cinq cent vingt francs à M. Laurent, ci 520

Total, mille vingt francs, ci. . 1.020

*Et ensuite nous avons remis en vente lesdits
deux chevaux et les avons fait crier sur la
mise à prix de mille vingt francs, et des enchères ayant été successivement portées, nous
avons adjugé définitivement les deux chevaux
en un seul lot moyennant la somme de douze
cents fr. à M. Jean, ci. . . . .*   1.200 »

Si au contraire la mise à prix formant le montant des deux adjudications préparatoires n'était pas couverte, il faudrait dire dans le procès-verbal :

*Après avoir réuni en un seul lot les deux
chevaux, attendu que la mise à prix n'a été
couverte par aucun enchérisseur, nous les
avons adjugés définitivement :
Savoir : le premier à M. Pierre, moyen-
nant la somme de cinq cents francs, ci. . . . .*   500 f. » c.

*Le deuxième, à M. Laurent, moyennant
la somme de cinq cent vingt francs, ci. . . . .*   520 »

Total général de la vente. . . .   1.020 f. » c.

366. — Le procès-verbal de vente se clôt de la façon suivante :

*Qui sont tous les meubles et effets dont ledit sieur (compa-
rant) nous ait requis la vente ; et attendu qu'il ne s'est plus
rien trouvé à comprendre en la présente vente, nous l'avons
déclarée close et terminée.
Le montant de la présente vente est de... (énoncer en
toutes lettres) dont nous demeurons chargé, sauf les crédits
spécifiés au présent procès-verbal de vente, pour en compter
quand et à qui il appartiendra.*

Il a été vaqué à tout ce que dessus depuis ladite heure de...
du matin, jusqu'à celle de... de relevée.

De ce que dessus, nous avons dressé le présent procès-verbal,
que le requérant a signé avec nous, commissaire-priseur et
nos témoins, après lecture.

(Signatures.)

Si la vente n'est pas terminée et qu'il faille en renvoyer la continuation à un autre jour, la clôture du
procès-verbal contient fa mention suivante :

Il a été vaqué à tout ce que dessus depuis ladite heure de....
jusqu'à celle de..,. et attendu qu'il est.... heure de relevée,
nous avons déclaré la présente vacation close et terminée,
et indiqué pour la continuation de la vente au.... (1).

De ce que dessus, nous avons dressé le présent, etc.

RÉOUVERTURE D'UNE SECONDE VACATION

L'an mil huit cent . . . . , ...
En conséquence de l'indication prise par la clôture de notre
procès-verbal qui précède.

Il va être par nous, commissaire-priseur susdit et soussi-
gué, procédé par continuation à la vente d'effets comme inu-
tiles audit sieur requérant, et sur sa réquisition, de la ma-
nière, et ainsi qu'il suit :

Il est inutile de faire signer ici la partie, la réquisition
faite vaut pour toutes les séances.

(Suivre ici les numéros d'ordre de la vacation précédente.)

---

(1) La remise, la continuation et l'interruption doivent être indiquées sur les procès-verbaux.

367. — Nous venons d'indiquer dans la clôture du procès-verbal de vente que le commissaire-priseur se chargeait du prix, sauf les crédits spécifiés au procès-verbal de vente. Cette énonciation ne suffit pas pour décharger le commissaire-priseur de sa responsabilité du prix des adjudications ; mais elle a pour but de lui accorder le temps nécessaire pour le recouvrement des crédits ordinaires. Il ne serait déchargé de la responsabilité des prix que par la clause 6ᵉ ci-dessus dans l'ouverture du procès-verbal.

368. — Lorsque le propriétaire s'est rendu adjudicataire de quelques articles, il est bon de mettre après ces mots : *le montant de la vente est de*, etc.

Sur quoi il convient de déduire la somme de... montant du bordereau d'adjudications faites à crédit à M. (vendeur), ainsi qu'il le reconnait et prend dès à présent ledit bordereau pour comptant (1), ci. . . . . , . . . » »
*En conséquence, le reliquat de la vente est de. . * » »
Dont nous demeurons chargés (Voir, pour la fin de la clôture, le modèle ci-dessus.)

369. — S'il avait été fait quelques paiements, tels que

---

(1) Cette mention, dit avec raison M. Benou, est dans l'intérêt du commissaire-priseur, car s'il survenait des oppositions, il ne serait responsable vis-à-vis des créanciers que du montant de la vente sous la déduction des adjudications faites à crédit au vendeur. En effet, rien ne forçait le vendeur à faire opérer la vente ; il a pu lui-même se rendre adjudicataire des objets qui n'atteignaient pas leur valeur. Il n'en serait pas de même dans une vente judiciaire précédée d'oppositions ou faite à la requête d'un créancier.

le salaire d'hommes de peine, de gardiens, dépenses de voitures et autres, on pourrait les faire reconnaître dans la clôture du procès-verbal de vente, en déduisant sur le produit d'icelle le montant des dépenses.

370. — Lorsque dans une vente il se trouve des objets d'art, de curiosité ou des livres qui nécessitent la présence d'un expert, ses nom, prénoms et demeure doivent être énoncés, soit en la clôture, soit en l'intitulé du procès-verbal. Cette énonciation se fait d'habitude avant d'exposer les objets en vente.

371. — Si la vente a eu lieu en plusieurs séances, il faut faire la récapitulation du produit général. Cette récapitulation se fait ainsi qu'il suit en la dernière vacation :

1° *Le produit de la première vacation est de quinze cents francs, ci* . . . . 1.500 fr. »

2° *Celui de la seconde vacation est de dix-huit cents francs, ci.* . . . . 1.800 »

3° *Celui de la présente vacation est de douze cent soixante-quinze francs, ci.* . . . 1.275 »

Total général de la présente vente, quatre mille cinq cent soixante-quinze francs, ci. . 4.575 »

Dont nous demeurons chargés, sauf les crédits, etc. (Voir pour la fin de la clôture, le modèle ci-dessus.)

CHAPITRE XVII

—

DE LA VENTE JUDICIAIRE

372. — La vente judiciaire, ou vente forcée, est celle qui, n'étant pas faite dans l'intérêt et à la réquisition d'une ou plusieurs personnes maîtresses le leurs droits et d'accord entre elles pour vendre sans formalités judiciaires, est assujettie à des formalités prescrites par la loi pour que les objets à vendre atteignent le meilleur prix, et pour que le produit de la vente soit remis aux ayants droit.

Les ventes judiciaires ont lieu par suite de décès, de saisie-exécution, de séparation de biens, d'interdiction, de faillite, et, enfin dans tous les cas où la vente est ordonnée par la loi ou par le juge.

VENTE JUDICIAIRE APRÈS DÉCÈS.

373. — La vente judiciaire de meubles après décès est parfois obligatoire, en ce sens que les meubles doivent être nécessairement vendus, et qu'ils ne peuvent

l'être que suivant les formes judiciaires, comme lorsqu'un mobilier est échu à des personnes non maîtresses
de leurs droits, mineurs, interdits, etc., ou que des
créanciers ont formé des oppositions, ou que les héritiers ne sont pas d'accord pour faire le partage en nature, etc.; ou bien, sans être obligatoire, elle est dans
l'intérêt des parties, comme lorsque l'héritier veut connaître les forces de la succession avant de prendre
qualité, ou que l'héritier bénéficiaire veut faire vendre
les meubles pour payer les créanciers, etc.

374. — *Des cas où la vente est obligatoire.* — Dans le
mois qui suivra la clôture de l'inventaire, dit l'art. 452
du code civil, le tuteur fera vendre, en présence du
subrogé-tuteur, aux enchères reçues par un officier public, et après des affiches ou publications dont le procès-
verbal de vente fera mention, tous les meubles autres
que ceux que le conseil de famille l'aurait autorisé à
conserver en nature. Les père et mère, ajoute l'art. 453,
tant qu'ils ont la jouissance propre et légale des biens
du mineur, sont dispensés de vendre les meubles, s'ils
préfèrent de les garder pour les remettre en nature.
Dans ce cas, ils en feront faire à leurs frais une estimation à juste valeur, par un expert qui sera nommé
par le subrogé-tuteur, et prêtera serment devant le juge
de paix. Ils rendront la valeur estimative de ceux des
meubles qu'ils ne pourraient représenter en nature.

375. — Il n'est pas nécessaire que la vente des
meubles appartenant à un mineur, soit autorisée par
l'ordonnance du président du tribunal de première
instance; dès lors qu'elle est obligatoire pour le tuteur,

l'autorisation devient inutile. Aussi l'art. 946 du code
de procédure ne l'exige-t-elle que pour le cas où il y a
des créanciers saisissants ou opposants, ou que la majorité des co-héritiers majeurs juge la vente nécessaire
pour l'acquit des dettes et charges de la succession.

376. — Pour la vente des meubles appartenant à un
mineur, l'art. 452 du code civil veut que la vente soit
faite dans les mois qui suit la clôture de l'inventaire;
mais ce terme n'est pas de rigueur, non plus que celui
de dix jours fixé par l'art. 451 pour procéder à l'inventaire. Le tuteur peut différer de vendre si l'intérêt des
mineurs l'exige.

377. — La vente des meubles appartenant à des mineurs doit être faite en présence du subrogé-tuteur. Il
faut donc qu'il soit appelé par sommation extrajudi-
ciaire. Mais s'il ne se présentait pas, la vente se ferait
malgré son absence, en constatant la sommation qui lui
aurait été faite (1).

378. — En cas de donation avec charge de conserver
et de rendre, le grevé de restitution est tenu de faire
faire inventaire et de faire procéder à la vente par
affiches et enchères de tous les meubles et effets compris
dans la disposition, à l'exception des meubles meublants
et autres choses mobilières dont le donateur aurait or-

---

(1) La vente des objets appartenant à un mineur peut être faite
avant que la délibération du conseil de famille qui a nommé le
tuteur ait été enregistré. (Décision de la régie du 8 novembre 1851.)
Journal des Commissaires-Priseurs, 1852 p. 52.

donné la conservation en nature, et des bestiaux et ustensiles servant à faire valoir les terres comprises dans la donation.

Les bestiaux et ustensiles servant à l'exploitation des terres, doivent être prisés et estimés pour être rendus en valeur égale lors de la restitution.

La vente doit être faite nécessairement en présence du tuteur à la restitution, ou lui dûment appelé.

Si même le grevé ne la requérait pas, elle devrait être poursuivie par le tuteur, après que le grevé aurait été mis en demeure, et sur autorisation du président du tribunal.

379. — Les exécuteurs testamentaires doivent provoquer la vente du mobilier de la succession quand il n'y a pas deniers suffisants pour acquitter les legs, ou si la vente était nécessaire pour payer des créanciers opposants.

Cependant, les héritiers pourraient empêcher la vente en fournissant des deniers suffisants pour satisfaire aux legs, charges et dettes de la succession.

380. — L'enfant naturel ou l'époux survivant appelés à la succession à défaut de parents successibles, sont tenus ou de faire emploi du mobilier, c'est-à-dire de le faire vendre aux enchères pour en placer le produit, ou de donner caution suffisante pour en assurer la restitution au cas où il se présenterait des héritiers du défunt dans l'intervalle des trois années. Après ce délai, la caution est déchargée.

S'ils ne remplissaient pas ces formalités, ils pourraient être condamnés à des dommages-intérêts envers

les héritiers qui viendraient à se présenter plus tard.
Ils ne pourraient rendre à ces héritiers les meubles en
nature; ils en devraient la valeur au jour, et du jour
où la vente aurait dû être faite.

381. — Lorsque l'État succède à défaut d'héritiers légitimes, d'enfant naturel ou de conjoint survivant il n'est
pas tenu à donner caution, ni faire emploi du mobilier;
mais, comme il ne saurait le conserver en nature, il le
fait toujours vendre. Les tiers et notamment les créanciers étant intéressés dans cette vente, elle doit être
faite par les officiers vendeurs ordinaires et ne peut
l'être par les employés de l'administration.

Il faut bien distinguer les successions acquises par
l'État, c'est-à-dire la succession en déshérence, des
successions vacantes (1). La succession est réputée vacante lorsqu'après les délais pour faire inventaire et délibérer, trois mois et quarante jours, il ne se présente
personne pour la réclamer, ou qu'il n'y a pas d'héritiers
connus, ou que les héritiers connus y ont renoncé.
Cette succession appartient aux créanciers; l'État n'est
pas encore héritier. L'État n'est appelé que quand il est
constaté qu'il n'y a ni parents successibles, ni enfants
naturels, ni époux survivant; et cette constatation se
fait suivant les formes réglées par l'article 770 du code
civil, qui exige, en outre, l'envoi en possession prononcé par le tribunal.

Les honoraires de l'officier public, qui a procédé à la

______

(1) Consultez, sur la vente des meubles d'une succession va-
caute ou en déshérence, un article de M. Le Hir, publié dans le
Journal des Commissaires-Priseurs, 1873, p. 89.

vente des meubles d'une succession échue à l'État, ou d'une succession vacante, sont payés sur le produit, et sont réduits au produit de la vente s'il est insuffisant (1).

382. — La vente du mobilier d'une succession est encore obligatoire, aux termes de l'article 826 du code civil, même entre cohéritiers majeurs, s'il y a des créanciers saisissants ou opposants, ou si la majorité des cohéritiers juge la vente nécessaire pour l'acquit des dettes et charges de la succession.

Lorsque la vente des meubles dépendants d'une succession aura lieu en exécution de l'article 826 du code civil, cette vente sera faite dans les formes prescrites par l'article 945 du code de procédure. Il sera procédé sur la réquisition de l'une des parties intéressées en vertu de l'ordonnance du président du tribunal de première instance et par un officier public.

383. — *Des cas ou la vente est facultative.* — Les personnes qui, sans être propriétaires définitifs et reconnus des objets mobiliers d'une succession, peuvent en requérir la vente, sont :

---

(1) En ce sens une instruction ministérielle du 23 janvier 1806 qui porte : « Quand le produit d'une succession vacante ou en déshérence sera insuffisant pour acquitter les frais d'inhumation du décédé et de conservation des biens, les actes de sépulture, apposition et levée de scellés, et les inventaires seront faits sans frais ; les honoraires de l'officier public qui aura procédé à la vente seront payés sur son produit ou y seront réduits. Les frais d'inhumation seront acquittés sur le prix de la vente, ou demeureront, s'il est insuffisant, à la charge du domaine ; et, dans le même cas, les droits d'enregistrement ne seront pas acquittés (art. 4). »

1° L'héritier avant d'avoir pris qualité. — L'héritier a trois mois et quarante jours pour faire inventaire et pour délibérer sur l'acceptation de la succession ou sur sa renonciation. Il peut même, après l'expiration de ces délais, en obtenir un nouveau si le tribunal croit devoir le lui accorder. Enfin, tant qu'il n'a pas fait acte d'héritier et qu'il n'existe pas contre lui de jugement passé en force de chose jugée qui le condamne en qualité d'héritier pur et simple, il conserve toujours la faculté de faire inventaire et de se porter héritier bénéficiaire.

Mais l'inventaire ne suffit pas toujours pour constater les forces d'une succession. On ne peut connaître, notamment, la valeur réelle des meubles que par la vente. Voilà pourquoi l'héritier peut, avant de prendre qualité d'héritier, obtenir du président du tribunal civil de première instance, dans le ressort duquel la succession est ouverte, l'autorisation de vendre tout ou partie du mobilier sans attribution de qualité c'est-à-dire, sans qu'on puisse en induire de sa part une acceptation pure et simple. L'article 796 du code civil n'avait permis cette autorisation que pour les objets dispendieux à conserver ou susceptibles de dépérir; mais l'article 986 du code de procédure porte que si l'héritier veut, avant de prendre qualité et conformément au code civil, se faire autoriser à procéder à la vente d'effets mobiliers dépendants de la succession, il présentera à cet effet requête au président du tribunal de première instance, dans le ressort duquel la succession est ouverte. La vente sera faite par un officier public, après les affiches et publications prescrites pour la vente du mobilier.

2° La veuve commune en biens peut aussi, après le

décès de son mari, faire procéder à la vente du mobilier de la communauté et de la succession. Elle peut même, comme l'héritier, être autorisée à vendre sans attribution de qualité, c'est-à-dire sans prendre la qualité d'acceptant la communauté.

Tous les meubles de la communauté devant être vendus, en pareil cas, la garde-robe de la femme, à l'exception du deuil, doit être comprise dans la vente. Cependant le juge, donne souvent l'autorisation à la veuve de conserver les effets à son usage personnel comme gardienne judiciaire, et sauf à les représenter s'il y avait lieu. Le juge considère que, si la vente avait lieu dans les circonstances les plus rigoureuses, par exemple, par suite de saisie-exécution, ces effets ne seraient ni saisis ni vendus ; qu'en conséquence, la veuve, en s'exécutant elle-même, ne peut pas être dans une position plus défavorable.

Si la veuve avait renoncé à la communauté, elle aurait le droit, aux termes de l'article 1492, de retirer les linges et hardes à son usage ; mais tout le mobilier de la communauté, même celui apporté de son chef, doit être compris dans la vente.

3o L'héritier bénéficiaire n'est pas obligé de faire vendre les meubles de la succession. S'il les conserve en nature, il n'est tenu que de les représenter ; et il ne répond que de la dépréciation ou de la détérioration causée par sa négligence. Mais, s'il les fait vendre, ce ne peut être que par le ministère d'un officier public, aux enchères et avec les affiches et publications accoutumées.

4o Les légataires universels ou à titre universel, sous

bénéfice d'inventaire, — sont soumis aux mêmes droits
et aux mêmes formalités que les héritiers, pour faire
vendre avant d'avoir pris ou après avoir pris qualité.

5° Le nu-propriétaire des objets soumis à l'usufruit.
— Si l'usufruitier n'est pas dispensé de donner caution
et qu'il ne trouve pas de caution, les denrées comprises
dans l'usufruit sont vendues pour le prix en être placé.
Le nu-propriétaire peut exiger aussi que les meubles
qui dépérissent par l'usage soient également vendus
pour le prix en être placé comme celui des denrées; et
alors l'usufruitier jouit de l'intérêt pendant son usufruit. Cependant l'usufruitier pourra demander, et les
juges pourront ordonner suivant les circonstances,
qu'une partie des meubles nécessaires pour son usage
lui soit délaissée, sous sa simple caution juratoire, et la
charge de les représenter à l'extinction de l'usufruit.

La vente, dans ces cas, ne pourrait être faite qu'aux
enchères, suivant les formes prescrites par les articles 945
et suivants du code de procédure, et après avoir obtenu
l'autorisation du président sur requête, à moins que
l'usufruitier et le nu-propriétaire, maîtres de leurs
droits, ne fussent d'accord pour vendre autrement.
L'usufruitier devrait nécessairement être appelé à la
vente.

6° Les créanciers. — Tout créancier fondé en titre
exécutoire ou autorisée par une permission du président de première instance ou du juge de paix du canton,
et notamment le propriétaire de la maison où se trouve
le mobilier de la succession, a le droit de requérir soit
l'apposition des scellés, soit la levée et l'inventaire. La

conséquence de l'inventaire requis par le créancier, le seul moyen d'arriver au paiement de la créance, c'est la vente du mobilier inventorié.

Que le créancier soit fondé en titre authentique ou sous-seing privé, exécutoire ou non, il ne peut arriver à la vente du mobilier qu'après une autorisation du prédent du tribunal.

Cette autorisation, qui s'accorde aussitôt que l'inventaire est terminé, s'obtient ordinairement par une ordonnance de référé rendue sur le procès-verbal du juge de paix, s'il y a eu scellés, et dans le cas contraire sur le procès-verbal du notaire (1).

La vente doit être faite avec toutes les formalités voulues, et en présence des héritiers ou eux dûment appelés, et si les héritiers sont absents, en présence d'un notaire commis pour les représenter.

---

(1) Le créancier qui a déjà obtenu sur requête l'autorisation de faire apposer ou lever les scellés, et de faire l'inventaire, requiert le juge de paix ou le notaire de se transporter en référé pour obtenir qu'il soit procédé, la vente; voici ce qu'il faut ajouter au procès-verbal de levée des scellés ou à l'inventaire.

Le sieur (requérant l'inventaire), *requiert M. le juge de paix* (ou notaire) *de se transporter en référé devant M. le président du tribunal, à l'effet d'obtenir les autorisations nécessaires pour 1° faire procéder à la vente du mobilier inventorié, et ce en présence de M°. . . . . ., notaire déjà commis pour représenter les héritiers absents à l'inventaire; 2° arrêter le compte du commissaire-priseur, et, après le paiement des frais privilégiés, en toucher le reliquat jusqu'à concurrence de sa créance, pour, le surplus, être déposé à la caisse des dépôts et consignations, et a signé.*

En conséquence, nous, juge de paix, etc.

Un extrait ou une expédition de cette ordonnance de référé est délivré par le greffier de la justice de paix; il reste annexé au procès-verbal de vente.

Quand bien même le créancier n'aurait pas requis l'inventaire lui-même, il pourrait se faire autoriser à faire procéder à la vente à sa requête, dans le cas où les héritiers laisseraient passer les délais possibles et convenables, ou mettre les héritiers en demeure d'y faire procéder à leur requête, parce qu'il a intérêt à ce que la vente ait lieu en justice, tant pour assurer sa créance qu'afin que les acheteurs, attirés en plus grand nombre par la publicité, portent les objets à un prix plus élevé, et augmentent ainsi les sûretés qu'il a sur les biens de ses débiteurs.

384. — *Formalités de la vente après décès*. — Lorsque la vente de meubles dépendants d'une succession aura lieu en vertu de l'article 826 du code de procédure civile, cette vente sera faite dans les formes prescrites par l'article 945 du code de procédure. L'art. 826 porte que s'il y a des créanciers saisisssants ou opposants, ou si la majorité des cohéritiers juge la vente nécessaire pour l'acquit des dettes et charges de la succession, les meubles sont vendus publiquement, en la forme ordinaire.

Ces articles ne sont pas les seuls qui prescrivent les formalités pour la vente des meubles dépendant d'une succession ; ainsi, d'après les articles 452 et 509 du code civil, la vente des meubles échus à des mineurs ou à un interdit, doit être faite aux enchères reçues par un officier public, et après des affiches ou publications dont procès-verbal de vente fera mention.

Après avoir indiqué les mêmes formes pour les ventes après décès et pour les ventes sur saisie-exécution, le code de procédure ajoute quelques dispositions particulières aux ventes après décès, que nous devons tout d'abord faire connaître. Ainsi, aux termes de l'article 946, il sera procédé sur la réquisition d'une des parties intéressées, en vertu de l'ordonnance du président du tribunal de première instance, et par un officier public. Aux termes de l'article 947 on appellera les parties ayant droit d'assister à l'inventaire, et qui demeureront ou auront élu domicile dans la distance de cinq myriamètres; l'acte sera signifié au domicile élu (1).

S'il s'élève des difficultés, dit l'article 948 il pourra être statué provisoirement en référé par le président du tribunal de première instance.

Le président du tribunal, auquel on doit, en ce cas, s'adresser, est celui du lieu de l'ouverture de la succession ; en cas d'urgence, on peut cependant s'adresser au président du tribunal du lieu de la situation des objets.

La vente se fera dans le lieu où sont les effets, s'il n'en est autrement ordonné, dit l'article 949 ; elle sera faite, ajoute l'article 950 tant en absence que présence, sans appeler personne pour les non comparants. Enfin, le procès-verbal, aux termes de l'article 951, fera mention de la présence ou de l'absence du requérant.

Mais si toutes les parties sont majeures, présentes et d'accord, et qu'il n'y ait aucun tiers intéressé, elles ne seront obligées, dit l'article 952, à aucune des formalités ci-dessus.

---

(1) La vente publique aux enchères de meubles dépendant d'une succession serait toutefois valable, lors même que toutes les parties n'y auraient pas été appelées, (Cassation, 9 décembre 1819; *Journal des Commissaires-Priseurs* 1864, p. 151 et la note.)

385. — La plupart des formalités ordonnées par les articles que nous venons de citer sont toutes spéciales à la vente de meubles après décès, et n'appartiennent pas à la vente après saisie. Ainsi, l'ordonnance du président du tribunal de première instance, nécessaire toutes les fois qu'il s'agit de faire vendre aux enchères, autrement que par la vente volontaire, les meubles dépendants d'une succession, n'est nullement exigée par les ventes sur saisie, celles-ci étant faites en vertu d'un jugement ou autre titre, revêtu de la formule exécutoire, qui remplace cette ordonnance.

De même la vente par suite de saisie doit être faite au plus prochain marché public, tandis que la vente des meubles dépendant d'une succession, se fait dans les lieux où sont les effets, s'il n'en est autrement ordonné.

L'autorisation s'accorde par l'ordonnance du président du tribunal, mise au bas d'une requête, ou par une ordonnance de référé rendue sur le procès-verbal du juge de paix ou du notaire; on pourrait même l'obtenir sur celui du commissaire-priseur, s'il était déjà ouvert.

Ainsi, encore, dans la vente après saisie, la partie saisie doit être appelée; tandis que dans la vente après décès, on doit appeler les parties ayant droit d'assister à l'inventaire, et qui demeureront ou auront élu domicile dans la distance de cinq myriamètres.

386. — Le code ne prescrit pas de faire représenter par un notaire, comme dans l'inventaire, les héritiers ou légataires domiciliés à plus de cinq myriamètres (1).

---

(1) Le notaire commis ne peut représenter que les personnes qui

Mais il est prudent de le faire ; cela nous paraît même indispensable, lorsqu'un créancier obtient, en l'absence de tous les héritiers ou légataires, de faire procéder à la vente d'un mobilier dépendant d'une succession, et ce, par la nécessité d'un contradicteur et par la nécessité de défendre les droits des héritiers, qui, souvent inconnus, n'ont point été mis en demeure.

La commission s'obtient par ordonnance sur requête, à moins que l'on n'ait besoin de faire statuer sur d'audres demandes ou difficultés par un référé; alors on y comprend la commission dont nous parlons (1).

387. — Les autres formalités pour la vente des meubles d'une succession sont, ou celles exigées pour les ventes volontaires comme les diverses déclarations au bureau de l'enregistrement, à la chambre des commissaires-priseurs, à l'administration de la monnaie, l'arrangement, le lotissement et le recolement du mobilier, s'il y a lieu, — ou celles résultant de la similitude établie entre les ventes après décès ou de biens de mineurs, et les ventes sur saisie. Elles sont indiquées dans les

---

demeurent au-delà de la distance de cinq myriamètres; il n'a pas qualité pour représenter celles qui demeurent dans cette limite. — En ce sens un article de M. Le Hir, dans le *Journal des Commissaires-Priseurs*, t. Iᵉʳ, p. 267.

(1) Quelques officiers vendeurs s'abstiennent d'appeler à la vente les personnes dénommées en l'inventaire, qui demeurent dans la distance de cinq myriamètres, en les faisant représenter par le notaire qui avait été commis pour représenter les absents dans l'inventaire ; or ce notaire n'a aucune qualité pour assister à la vente. Il faut en pareil cas observer les prescriptions des articles 947 et 950 du code de procédure. (*Journal des Commissaires-Priseurs*, t. I, p. 267.)

art. 617, 618, 619, 620, 621, 624 et 625 du code de procédure civile, et dans l'art. 37 du tarif des frais en matière civile du 16 février 1807.

388. — La vente de meubles après décès doit être annoncée par des placards dont la rédaction appartient au commissaire-priseur, en voici la formule :

VENTE AUX ENCHÈRES PUBLIQUES.

de (énoncer succinctement les principaux objets à vendre),
par suite de décès ou *par autorité de justice*

A... rue. . . . ., n°. . . .

Le (le jour, le quantième et l'heure),

Par le ministère de (nom et domicile de l'officier vendeur).

Cette vente consiste en. . . . . (détailler, autant que possible, les objets faisant partie de la vente et les classer par nature. On est dans l'usage de suivre l'ordre indiqué dans l'affiche, et les vacations de la vente commencent ordinairement par les objets de moindre importance; voici l'ordre :

Poterie, verrerie, cristaux, batterie de cuisine, gravures, bronze, candélabres, pendules, ligne de corps et de ménage, hardes, bijoux et argenterie, meubles meublants, tels que couchers, glaces, tentures, tapis, vins, etc.

Le commissaire-priseur doit avoir soin de désigner plus spécialement l'objet sur lequel il désire attirer l'attention du marchand ou de l'amateur.

Si la vente durait plusieurs jours, on devrait diviser les vacations ainsi :

ORDRE DES VACATIONS.

Le (tel jour. . . . . tels et tels objets ; les désigner succinctement.)

Le (tel jour. . . . id. . . . . id. . . . .)

CONDITIONS DE LA VENTE.

La vente se fait au comptant, ou *il sera fait un crédit d'un
délai de.* . . . *aux personnes connues de l'officier vendeur
pour être notoirement solvables,* ou *à la charge par elles de
donner caution.*

Il sera perçu. . . . . *pour cent en sus des adjudications
applicables aux frais.*

389. — Le procès-verbal d'affiches, qui est du ministère des huissiers (1), peut être ainsi conçu :

L'an mil huit cent. . . . ., *le.* . . . . *à la requête de
M.* . . . ., *demeurant à.* . . . ., *rue.* . . . ., *n°.* . . . ., *au
nom et comme habile à se dire et porter héritier de M.* . . . .,
décédé (ce procès-verbal n'a pas besoin d'être fait à la requête de toutes les parties), *pour lequel domicile est élu en
sa demeure, j'ai.* . . . . (immatricule de l'huissier), *soussigné, assisté du sieur.* . . . . ., *afficheur, demeurant à.* . . . .,
rue. . . . ., *n°.* . . . ., *me suis transporté dans tous les endroits désignés par la loi de la ville de.* . . . ., *où étant, j'ai
fait afficher par le dit sieur.* . . . . (le nombre) *affiches* (ma-
nuscrites ou placards imprimés), *indiquant que le* (jour, le
quantième et l'heure), *il sera procédé par le ministère de
M*^e*.* . . . ., *commissaire-priseur, demeurant à.* . . . .,

---

(1) Dans les ventes judiciaires, l'huissier seul a le droit de constater
l'apposition des affiches. — Rouen, 13 mars, 1852. *Journal des Commissaires-Priseurs,* 1854, p. 14, — Cassation, 28 juin 1852, *Idem,*
1852, p. 202 : — Périgueux, 20 novembre 1863, *Idem,* 1854, p. 78.

rue. . . . ., n°. . . . . ., à la vente de meubles et effets restés après le décès de M. . . . ., et ce à. . . . . (indiquer l'endroit).

Dont et de tout ce que dessus j'ai fait et rédigé le présent procès-verbal pour servir et valoir ce que de droit. Le coût est de. . . . .

391. — Le procès-verbal doit désigner les lieux où les placards ont été apposés.

Dans les ventes judiciaires, on peut faire afficher sans autorisation du maire, et même nonobstant tout règlement municipal (1). D'ailleurs, aujourd'hui l'affichage est libre (2).

L'exemplaire du placard qui doit être annexé au procès-verbal n'est pas soumis à l'enregistrement, mais il doit être rédigé sur timbre de minutes.

392. — Le procès-verbal d'apposition d'affiches est nécessaire tout aussi bien dans les ventes de meubles appartenant à des mineurs que dans toutes les autres ventes judiciaires, et il ne suffirait pas de constater cette apposition par une simple mention au procès-verbal de vente (3). L'art. 452 du code civil dit que le tuteur fera vendre aux enchères après affiche et publication ; or la présentation de l'affiche ne prouve pas le

---

(1) En ce sens d'un avis de M. Le Hir dans le *Journal des Commissaires-Priseurs*, 1849, p. 180 et 1855, p. 215, ainsi qu'un arrêt de cassation du 16 juillet 1870, *Idem*, 1874, p. 163.

(2) Voir le commentaire de la loi du 29 juillet 1881, *Code de la Presse*, par C. Bazille et Ch. Constant, vol. in-18.

(3) On pourrait citer toutefois en sens contraire un arrêt de la cour de cassation du 6 janvier 1845 (*Journal des Commissaires-Priseurs*, t. III, p. 225.

fait de l'affichage ; ce fait ne peut être constaté que par un procès-verbal, la loi a donc ordonné cette constatation par exploit; et il serait on ne peut plus dangereux de s'affranchir de la formalité à laquelle elle attache cette preuve.

393. — L'huissier ne fait que constater l'apposition des placards ; c'est l'officier-vendeur qui doit les rédiger (1), et l'huissier qui usurperait le droit de rédaction devrait être condamné à des dommages-intérêts envers le commissaire-priseur (2).

394. — Quant aux insertions dans les journaux, on sait qu'elle se justifient par la production d'un numéro du journal revêtu de la signature légalisée de l'imprimeur.

Il n'y a point de délai fixé par la loi pour les appositions des placards et les insertions dans les journaux ; mais il faut qu'elles aient eu lieu, pour être valables, au moins un jour franc avant le jour de la vente (3).

D'ailleurs l'inobservation des formalités prescrites pour les affiches et les insertions n'entraînerait pas la nullité de la vente, la loi ne la prononce pas ; mais elle pourrait soumettre l'officier vendeur à des dommages-intérêts envers les parties intéressées qui s'en trouveraient lésées.

395. — S'il existe des oppositions de créanciers, soit

---

(1) Voir deux articles à ce sujet dans le *Journal des Commissaires-Priseurs*, t. 1er p. 32 et t. II, p. 378.

(2) En ce sens un jugement du tribunal du Hâvre du 5 juillet 1850, *Journal des Commissaires-Priseurs*, t. VIII, p. 338.

(3) En ce sens une décision du ministre de la justice, prise en 1808.

sur le procès-verbal de scellés, soit même entre les mains du commissaire-priseur, il est inutile d'appeler le créanciers opposants. L'article 615 du code de procédure civile dit positivement que les opposants ne seront point appelés ; leur présence n'aurait aucune utilité, car leurs droits sont suffisamment conservés par l'impossibilité, pour le commissaire-priseur, de se dessaisir valablement des fonds au mépris de leur opposition ; d'ailleurs, ils sont suffisamment avertis par les affiches et publications ; rien ne s'oppose à ce qu'ils assistent, si bon leur semble, à la vente, mais leur présence n'est pas constatée, celle même de l'avoué plus ancien n'est pas nécessaire, et sa vacation à la vente ne passe pas en taxe.

396. — L'officier qui fait la vente d'objets compris dans un précédent inventaire, mais sans qu'il ait besoin de relater cet inventaire, ne saurait être soumis à l'amende, à défaut de pénalité prononcée pour cette omission par la loi du 22 pluviôse an VII (1). Si au lieu d'un inventaire il y avait eu une simple description des objets, faite par le juge de paix appelé à apposer les scellés, cette description devrait être relatée ainsi que son enregistrement, dans les cas où il y aurait eu obligation de relater l'inventaire qu'elle remplace.

397. — *Choix de l'officier vendeur.* — Le choix de l'officier vendeur appartient aux parties toutes les fois que la vente est volontaire. Cependant, il est arrivé quelquefois, par exemple lorsqu'une contestation s'est

---

(1) Un jugement du tribunal de la Seine, du 6 février 1850, *Journal des Commissaires-Priseurs* 1851, p. 216.

élevée sur les attributions des officiers vendeurs, que les tribunaux aient indiqué dans leurs jugements, pour faire la vente, le syndic ou le président de la compagnie dont les attributions ont été reconnues. Une pareille indication, parfaitement légale et régulière en cas de vente judiciaire, ne serait fondée sur aucun motif si la vente était volontaire. Il y a donc lieu, en pareil cas, de rétablir comme officier vendeur celui qui avait été choisi par les parties et investi de leur confiance, et c'est ce qui se fait, d'accord, de collègue à collègue.

Dans les ordonnances des présidents, rendues en matière de vente par suite de succession ou dans les autres cas de vente judiciaire pour lesquels une ordonnance est nécessaire, le président indique ordinairement par quel commissaire-priseur la vente devra être faite.

On peut dire à l'appui de cette désignation que le président, chargé par l'article 946 du code de procédure d'ordonner dans ces cas la vente, ayant reçu cette mission pour sauvegarder l'intérêt des tiers, doit, pour qu'aucun soupçon ne s'élève sur la loyauté de l'opération, et pour qu'aucune connivence ne puisse être concertée entre les héritiers et l'officier vendeur, désigner celui qui procédera à la vente. Mais ne répondrait-on pas, avec raison, que le caractère de l'officier public est à lui seul une garantie suffisante ; qu'en disant que les ventes aux enchères ne seraient faites que par des officiers tout spécialement revêtus de ce pouvoir, la loi a ainsi garanti tous les droits. Aussi l'article 916 ne parle-t-il d'aucune désignation d'officier vendeur ; et il est à remarquer que, toutes les fois que la loi a voulu donner au juge le droit de désigner la personne de l'officier ministériel qui doit instrumenter, elle s'en est expliquée, ainsi que le prouve l'article 113 du code civil relatif au notaire commis pour représenter les présumés absents, l'article 928 et l'article 931 relatifs à la nomination d'un notaire pour représenter les parties non présentes à la levée des scellés, l'article 976 relatif au notaire commis pour procéder à un partage.

Bien plus, en cas de vente par suite de saisie-exécution, là où les créanciers, et le saisi ont des intérêts opposés, où le saisi surtout doit tenir à ce que la vente soit conduite de manière à ménager autant que possible ses intérêts, il n'y a pas d'ordonnance qui nomme l'officier vendeur; le choix en est laissé soit à l'huissier, soit au poursuivant.

Enfin, on sait les peines si fortes, édictées contre l'officier public, qui, par une connivence coupable, nuirait aux intérêts de l'une ou l'autre des parties.

Cette question est d'un très-grand intérêt pour les officiers priseurs; il serait déplorable que celui qui est investi de la confiance d'un client, d'une famille, qui a procédé à la prisée dans un inventaire, se vît enlever par une désignation arbitraire et par une exclusion sans motifs, la vente des objets provenant de cet inventaire. Aussi est-il, relativement à ces nominations, et quelque opinion qu'on ait sur le droit de désignation, d'usage constant de se conformer aux désirs et aux choix présumé des parties; et les présidents des tribunaux se croient d'autant plus obligés, à moins de motifs graves, de respecter ce choix et les raisons de clientèle, qu'ils craindraient, en agissant autrement, de paraître favoriser tel ou tel officier public. Ils s'empressent donc toujours de désigner l'officier que les parties ou les faits qui ont précédé signalent à son attention.

398. — Le procès-verbal d'une vente après décès peut-être ainsi rédigé :

FORMULE D'UN PROCÈS-VERBAL DE VENTE APRÈS DÉCÈS.

(En tête doit être transcrite la déclaration préalable faite au bureau de l'enregistrement, conforme à la copie délivrée par le receveur.)

L'an mil huit cent, etc. (heure et quantième) ;

A la requête de (énoncer ici les noms, prénoms et demeures des personnes requérant la vente et les qualités dans lesquelles elles agissent, ainsi qu'elles ont été établies dans l'inventaire ou description, s'il y en a eu, et si les qualités n'ont pas changé depuis; si la vente est requise par un tuteur, indiquer, outre les noms, prénoms et qualités, les noms et prénoms des mineurs.

Si au contraire il est survenu des changements, soit par la renonciation de l'un des héritiers, soit par la cession des droits pour tout ou partie, soit enfin par toute autre cause, il devra être fait mention des actes qui opèrent ces changements et fait annexe au procès-verbal de vente d'un extrait ou d'une expédition de ces actes.

Si le nombre des héritiers n'est ni changé ni diminué, mais qu'au lieu d'habiles à se dire et porter héritiers, ils aient accepté sous bénéfice d'inventaire, ou qu'ils soient autorisés à vendre sans attribution de qualité, l'acte d'acceptation ou celui qui leur accorde cette autorisation, doit être énoncé et sa date indiquée. L'annexe est inutile pour le commissaire-priseur ; c'est à la partie à prouver sa qualité si elle est contestée.

Si enfin, depuis le moment de l'inventaire jusqu'à celui de la vente, il survenait de nouveaux héritiers, il faudrait n'agir à leur requête que sur la représentation d'un acte de notoriété constatant qu'ils sont bien héritiers en tout ou partie. Cet acte, ou au moins un extrait devra être annexé au procès-verbal de vente.

L'inventaire doit toujours être mentionné lorsqu'il a été fait.

Lorsqu'il n'existe pas d'inventaire ou que le procès-verbal de description ne mentionne pas les qualités, elles doivent être établies par le commissaire-priseur.

Si les héritiers avaient chargé quelqu'un de pouvoirs pour les représenter aux opérations de vente, on n'en devrait pas moins agir à leur requête, mais en faisant l'énonciation suivante :

A la requête de M. . . . . ., représenté par M. . . . (nom, prénoms, profession), *son mandataire aux termes de la procuration spéciale que lui a donné le sieur. . . . . ., suivant acte* (sous-seing privé, en brevet ou en minute), *en date du. . . . . ., dûment enregistré ; dont extrait ou expédition demeure ci-annexé.*

399. — Lorsque les parties ont, dans l'inventaire, fait quelques réserves ou protestations, on peut les réitérer dans le procès-verbal de vente ; pourtant nous ne pensons pas que leur omission puisse porter préjudice.

En cas de vente du mobilier d'un absent, le procès-verbal mentionnera le jugement de nomination de l'administration ou des présomptifs héritiers envoyés en possession, ainsi que l'ordonnance du juge qui permet la vente du mobilier.

En cas de minorité, s'il s'agit d'une tutelle dative, la délibération du conseil de famille qui a nommé le tuteur à sa qualité, devra aussi être mentionné.

En présence de M. . . . . ., notaire commis pour représenter les absents (relater l'acte qui le commet, indiquer autant que possible les qualités de ceux qu'il représente, et faire annexe ou de l'acte ou d'un extrait.)

Ou *de M. . . . . ., subrogé-tuteur* (relater la date de la délibération de famille ; il est inutile de répéter les noms, prénoms des mineurs, puisqu'ils ont dû être énoncés en indiquant les qualités du tuteur ; et enfin généralement relater en cet endroit les noms, prénoms, demeures des personnes ayant droit d'assister à la vente, ainsi que les qualités dans lesquelles elles agissent.

A la conservation des droits et intérêts des parties et de tous autres qu'il appartiendra il va être par nous (noms, prénoms) *commissaire-priseur au département de . . . . . ., demeurant à. . . . ., rue. . . . ., n°. . . . . ., commis à cet effet, procédé à la vente aux enchères publiques de tous meubles et effets dépendants de la succession de....* (Indiquer ici les noms et prénoms du défunt), *tels que lesdits objets ont été compris en l'inventaire ou description en date du. . . . reçu en minute par. . . . .,* (notaire ou juge de paix de tel arrondissement) ; *le tout étant trouvé dans* (local) *faisant partie d'une maison sise à. . ., rue. . . . ., n°. . . ., appartenant à* (nom du propriétaire, et indiquer si l'endroit où l'on procède est celui où le décès a eu lieu ou celui dans lequel on a transporté les meubles en vertu d'autorisation.

Dans ce dernier cas, il faudrait faire la mention suivante : *Dans un appartement au. ... où les objets ont été transportés en vertu d'une ordonnance rendue par M. le président du tribunal civil de première instance de ...., en date du...., rendue sur requête à lui présentée à cet effet* (ou en état de référé), *dont l'original enregistré à...., le...., folio...., case, par M...., qui a perçu...., pour les droits,* ou *dont expédition demeure ci-annexée.*

Au fur et à mesure de la représentation qui nous sera faite du tout par (nom, prénoms, profession et domicile du gardien) *établi gardien desdits effets par* (le procès-verbal de scellés ou l'inventaire).

Pour parvenir à laquelle vente nous avons fait notre déclaration à la Chambre des commissaires-priseurs (s'il y a lieu) *et au bureau d'enregistrement de* (l'arrondissement), *ainsi qu'il résulte de la copie transcrite en tête des présentes et dont extrait demeure ci-annexé ; nous avons, en outre, fait annoncer ladite vente par. . . . affiches, placards, et encore par* (trois, deux ou une) *insertions dans le journal de. . . .* m du journal (1).

s'il ... s'agit de meubles ordinaires, on énoncera que la vente a été annoncée conformément aux dispositions de l'article 6... '7 du code de procédure civile ; s'il s'agit soit de

---

(1) Cette mention doit être faite aux termes de l'article 452 du code civil qui ne s'applique, il est vrai, qu'aux ventes requises par les tuteurs ; mais il n'est pas inutile de la faire dans tous les procès-verbaux.

barques et autres objets énumérés en l'article 620 du même code, soit de vaisselle, d'argent, de bagues et joyaux d'une valeur de 300 fr. au moins, désignés dans l'article 621, on dira que *la vente a été précédée des publications, exposition et estimation prescrites par les articles 620 et 621 dudit code, relativement à chacune de ces espèces de choses en particulier, ainsi que cela résulte de....* (énoncer ici les pièces qui justifient l'accomplissement de ces formalités, savoir : les exploits d'huissiers pour les appositions de placards, pour les publications requises aux cas des articles 620 et 621, les procès-verbaux d'estimation par experts, dans l'hypothèse de l'article 621, et les feuilles des journaux revêtues de la signature de l'imprimeur, légalisée selon le vœu de l'article 698 du même code pour les insertions).

En conséquence, attendu que toutes les formalités voulues par la loi ont été exactement remplies, après avoir fait mettre à la porte extérieure de la maison où nous sommes, une affiche indicative de vente, et attendu qu'il nous est apparu nombre suffisant d'enchérisseurs, nous leur avons donné lecture à haute et intelligible voix. (Suivre ici la formule de la vente amiable, (plus haut, p. 336) en retranchant les clauses qui exonèrent l'officier public, et celles qui accordent délai (1), à moins qu'il ne juge convenable de prendre ces délais sous sa responsabilité).

Après quoi nous avons déclaré que nous allions procéder a ladite vente.

Et ont les requérants (le gardien et autres parties compa-

---

(1) Consultez sur les ventes après décès qui ne peuvent être faites qu'au comptant, deux arrêts de cassation des 19 juin 1872 et 19 juillet 1875, reproduits dans le *Journal des Commissaires-Priseurs* 1873, p. 21 et 159.

rentes), *ainsi que les sieurs* (noms, prénoms, domiciles des deux témoins), *témoins par nous exprès requis, signé avec nous* (commissaire-priseur, notaire, greffier) *le tout après lecture, à l'exception de* . . . . . (nommer les non-signataires, autres que les témoins qui toujours doivent signer) *qui ont déclaré ne pouvoir signer.*

(Signatures.)

S'il a été fait sommation à l'une des parties, l'on met la formule suivante avant ces mots : *Nous y avons procédé de la manière et ainsi qu'il suit.*

Mais avant, attendu qu'il a été fait sommation au sienr (nom, prénoms, profession et domicile de la partie som-mée) *de se trouver cejourd'hui* . . . . ., *rue* . . . . ., *dans les lieux où il va être procédé pour être présent, si bon lui semble, à la vente qui doit avoir lieu cejourd'hui* . . . . ., *heure de* . . . ., *défaut à* . . . . ., *ainsi qu'il résulte de l'exploit de* . . . . ., *huis-sier, en date du* . . . . ., *enregistré, avec déclaration que faute par lui de ce faire et de comparaitre aux jour, lieu et heure indiqués, il sera contre lui donné défaut, et pour le profit, procédé à ladite vente, tant en absence que présence, lequel exploit demeure ci-annexé; et attendu qu'il est heure de* . . . ., *que ledit sieur* . . . . *ne s'est pas rendu au désir de la somma-tion sus-énoncée ni personne pour lui, nous avons contre lui donné défaut, et pour le profit passé outre à ladite vente hors sa présence, de la manière et ainsi qu'il suit :*

Et ont les requérants, etc. (Comme ci-dessus).

(Signatures.)

Si la partie sommée comparaît avant les opérations commencées ou pendant le cours d'icelles, on doit faire le dire suivant (1) :

(1) Si elle se faisait représenter, il faudrait que la personne chargée de ce soin justifiât à l'officier vendeur d'un pouvoir en règle ; ce pouvoir serait dès lors énoncé et annexé.

Et à l'instant, comme nous allions procéder ou *comme nous opérions, est intervenu M. . . . ., lequel a dit qu'il comparaissait au désir de la sommation ci-dessus énoncée, et a déclaré ne pas s'opposer à la vente, et la requérir même en tant que de besoin.*

Et a le sieur. . . . . ., signé avec nous, commissaire-priseur, après lecture.

(Signatures.)

Nous avons fait exposer et mettre en vente les objets dans l'ordre suivant, etc.

1°. . . . .

CLÔTURE DU PROCÈS-VERBAL DE VENTE.

Qui sont tous les meubles et effets compris en l'inventaire ou description ; et attendu qu'il ne s'est plus rien trouvé à comprendre dans la présente vente, nous l'avons déclarée close et terminée.

Le montant de la présente vente est de. . . . ., dont nous demeurons chargés, sauf les crédits spécifiés au présent procès-verbal de vente, pour en compter quand et à qui il appartiendra ; en conséquence, nous avons déclaré le gardien bien et valablement déchargé.

Il a été vaqué à tout ce que dessus depuis ladite heure de. . . jusqu'à celle de. . . . .

De ce que dessus nous avons dressé le présent procès-verbal, que les requérants, nos témoins et le gardien, ont signé avec nous, commissaire-priseur, après lecture faite.

(Suivent les signatures.)

400. — Quelquefois les parties ont gardé une por-

tion des meubles avec ou sans autorisation de la loi
ou du juge (1); on doit alors clore le procès-verbal en
ces termes :

*Qui sont tous les meubles et effets dont les sus-nommés nous
ont requis la vente, se réservant de disposer du surplus des
effets inventoriés comme bon leur semblera, — ou qu'ils se réservent de partager en nature, — ou que le survivant entend
conserver en nature sur le taux de la prisée, — ou bien que le
tuteur doit conserver pour l'usage personnel de son mineur.*

Cela ne pourrait avoir lieu si les héritiers agissaient sans
attribution de qualité, à moins d'autorisation spéciale;
d'ailleurs, c'est au commissaire-priseur à éclairer les
parties sur ce qu'elles ont le droit de faire. C'est pour constater ce surplus de mobilier que souvent les parties requièrent de procéder au récolement.

Et attendu qu'il ne s'est plus rien trouvé à comprendre, etc...

401. — On peut, comme dans la vente volontaire,
constater en la clôture, du procès-verbal de vente
judiciaire après décès, et faire reconnaître par les parties, pour quelle somme elles se sont rendues adjudica-

---

(1) Le commissaire-priseur chargé de vendre aux enchères les
objets mobiliers d'une succession appartenant à des mineurs ou
acceptée sous bénéfice d'inventaire, ne pourrait consentir sans se
compromettre gravement à porter sur son procès-verbal, comme
vendus aux enchères, des objets qui auraient été retirés du nombre de ceux à vendre et remis à la veuve ou aux enfants mineurs
intéressés dans la succession bénéficiaire, par exemple, les bijoux
qui auraient servi à l'usage de la veuve, ou les lits des enfants
mineurs. (*Journal des Commissaires-Priseurs*, t. I, p. 100).

taires ; mais nous devons faire observer que le commissaire-priseur ne serait pas moins responsable du
produit intégral de la vente vis-à-vis les créanciers
opposants s'il en existait avant la vente.

402. — Lorsque dans une succession, il se trouve
des objets déposés au Mont-de-Piété, il est d'usage que
les reconnaissances soient inventoriées, cotées et para-
phées par le notaire ; comme il est de l'intérêt des parties et même des créanciers, que tous les objets formant
l'actif d'une succession soient réalisés, et que, d'ailleurs, les prêts faits par le Mont-de-Piété sont toujours
inférieurs à la valeur réelle des objets qu'on y dépose,
le commissaire-priseur opère le retrait de ces objets
pour en faire la vente.

Pour cela, il se fait ordinairement autoriser par ordonnance sur référé ou requête ; mais quelquefois dans
le but d'éviter les frais d'une ordonnance spéciale, il se
trouve suffisamment autorisé par la réquisition expresse
des parties intéressées.

Dans tous les cas, il prélève par privilège, avant
toutes autres créances, le montant de l'avance qu'il a
faite pour payer le Mont-de-Piété.

Le commissaire-priseur doit justifier, pour opérer ce
retrait, d'un extrait ou expédition de l'ordonnance de
référé, ou enfin de l'autorisation qui lui a été donnée,
et qui, d'ordinaire, se comprend dans le réquisitoire
tendant à la vente, inscrit en tête de son procès-verbal.
Ces objets doivent être vendus par distinction, et l'on
doit faire la mention suivante :

Suivent les objets par nous retirés du Mont-de-Piété en vertu de l'ordonnance ou de l'autorisation des parties.

Lequel dit retrait a été par nous opéré moyennant la somme de...., avancée de nos deniers à cet effet; laquelle somme sera prélevée sur le produit de la vente desdits effets, ou, en cas d'insuffisance, sur celui total de la vente par privilège et préférence;

1° Une bague en or adjugée cent francs, ci. .	100 fr.
2° Une montre adjugée cent-cinquante fr., ci.	150
Total du produit, deux cent cinquante francs, ci	250

Ces sommes se portent dans une colonne séparée, et le total seulement doit figurer dans la colonne des autres adjudications.

403. — *Annexes au procès-verbal.* — Au nombre des pièces qui doivent être annexées ordinairement à la minute d'un procès-verbal de vente ou qui doivent jointes sans mention d'annexe, il faut ajouter, en cas de vente judiciaire, l'original de la sommation qui a été faite aux parties ayant droit d'assister à la vente, aux termes de l'article 947 du code de procédure civile.

CHAPITRE XVIII

—

DE LA VENTE SUR SAISIE-EXÉCUTION

404. — La saisie-exécution est un acte par lequel le créancier fait mettre sous la main de la justice le mobilier corporel et saisisable de son débiteur à l'effet de les faire vendre, pour le prix en être employé au paiement de la dette ou distribué entre le saisissant et les autres créanciers du saisi.

Nous allons successivement examiner : 1° en vertu de quels actes et pour quelles sortes de créances la saisie-exécution et la vente peuvent être opérées ; — 2° quels sont les objets qui peuvent être saisis et vendus ; — 3° quelles sont les formalités de la vente sur saisie-exécution.

§ 1ᵉʳ. — *En vertu de quels actes et pour quelles sortes de créances la saisie-exécution et la vente peuvent être opérées.*

405. — En principe on ne peut procéder à la saisie-exécution qu'en vertu d'un titre exécutoire (art. 551 du

code de procédure). Un titre privé, ou une permission du juge, serait insuffisante.

Mais si l'acte revêtu de la formule exécutoire suffit pour la saisie, il faut une condition de plus pour la vente : l'article 551 exige que la dette exigible soit d'une somme d'argent. Cette disposition était néces-- saire pour l'exécution de l'article 622, qui veut que dans le cas où la valeur des effets mobiliers saisis excède le montant des causes de la saisie et des oppositions, il ne soit procédé qu'à la vente des objets suffisants à fournir la somme nécessaire pour le paiement des créances et frais.

406.—Au nombre des actes exécutoires se présentent tout d'abord, les jugements des tribunaux et les arrêts de cours d'appel (1). Puis, les jugements rendus sur requête et les ordonnances des juges qui sont exécutoires comme les jugements des tribunaux, lorsqu'ils sont revêtus de la formule exécutoire. Il en est de même des ordonnances sur référé. L'exécutoire de dépens est encore par lui-même un titre susceptible d'exécution parée, indépendant du jugement auquel il se rapporte, et dont il liquide les dépens. Toutefois, l'exécution de l'exécutoire de dépens est nulle si elle est poursuivie avant l'expiration des trois jours de la date, délai durant lequel l'opposition est recevable.

Il est encore d'autres actes exécutoires autorisés par les lois fiscales. Ainsi, les notaires, greffiers, huissiers,

---

(1) Pour l'exécution en France des jugements rendus à l'étranger, consulter notre brochure : Cн. Constant, *De l'exécution des jugements étrangers,* 1883, brochure in-8°, prix 2 fr. 50.

peuvent requérir du juge de paix des exécutoires, pour obtenir le remboursement des droits d'enregistrement ou de timbre qu'ils ont avancés. Les contraintes décernées par les agents des régies de l'enregistrement et des contributions indirectes sont aussi exécutoires *de plano* en vertu de l'exécutoire du juge de paix, et sans la formule exécutoire ; car ainsi le veulent les lois spéciales. Il en est de même des contraintes délivrées en matière de douanes, pour le recouvrement des droits, pour le paiement desquels il a été accordé terme aux redevables, ou pour le refus de rapporter les acquits à caution.

Ces contraintes n'ont pas, à proprement parler, le caractère des jugements, mais elles reçoivent leur force d'exécution parée du visa judiciaire auquel elles sont assujetties. Les huissiers ne pourraient donc pas se refuser à mettre ces actes et décisions à exécution. Cependant une simple opposition aux contraintes des régies de l'enregistrement et des contributions indirectes en arrête l'effet, tant que cette opposition n'a pas été écartée par les tribunaux civils.

407. — Quoique revêtus de l'exécution parée, certains jugements ou arrêts ne sont exécutoires qu'après des délais déterminés par la loi. Ainsi, il est interdit de mettre à exécution un jugement rendu en premier ressort dans la huitaine de sa date. Mais cette règle ne s'applique pas aux jugements des tribunaux de commerce, ni aux ordonnances sur référé. Quant aux jugements des juges de paix, le délai n'est que de trois jours.

De même, l'exécution d'un jugement par défaut est suspendue dans la huitaine qui suit la signification du jugement à avoué, s'il y a eu constitution d'avoué, et de la signification à personne ou domicile, s'il n'y a pas eu constitution d'avoué. Cette disposition ne s'applique ni aux jugements des tribunaux de commerce, ni aux sentences par défaut des juges de paix qui peuvent être exécutées sur-le-champ, la loi n'ayant pas pour ces derniers assigné de délai.

Mais il n'y a lieu à aucun délai, même pour les jugements des tribunaux civils, lorsque l'exécution a été ordonnée par provision, nonobstant opposition ou appel. Le juge d'appel peut même ordonner l'exécution provisoire.

408. — L'exécution provisoire d'un jugement par défaut, faute de conclure, ordonnée nonobstant opposition ou appel, ne peut avoir lieu avant l'expiration de la huitaine, à partir de la signification à avoué, si le tribunal n'a pas, en même temps, autorisé l'exécution pendant cette huitaine. Toutefois dans ce cas, l'exécution provisoire consommée avant l'expiration de la huitaine par la vente du mobilier du débiteur, ne rend pas le créancier passible de dommages-intérêts si, ni avant la vente ni après, le débiteur ne lui a fait aucune offre réelle et si cette vente anticipée ne lui a pas causé plus de préjudice que si elle eut été faite après l'expiration de la huitaine (1).

L'exécution d'un jugement est aussi quelquefois

---

(1) Consultez sur la responsabilité d'un commissaire-priseur, qui aurait procédé à la vente avant l'expiration du délai de huitaine, un arrêt de la cour d'Orléans du 31 août 1858, *Journal des Commissaires-Priseurs*, 1861, p. 119.

ordonnée sur la minute; celle-ci ne porte pas alors la formule exécutoire. Le jugement peut en pareil cas, être exécuté même sans commandement préalable.

409. — D'un autre côté, un acte exécutoire peut cesser de l'être. Ainsi, l'opposition, l'appel suspendent en général l'exécution du jugement attaqué non exécutoire par provision, et l'intimé qui a mis à exécution le jugement qu'il a obtenu est passible de dommages-intérêts envers l'appelant, si celui-ci en obtient l'infirmation. Sont nulles et donnent lieu à des dommages-intérêts, les saisies mobilières ou immobilières faites en vertu d'un jugement non exécutoire par provision, et dont il a été interjeté appel.

L'acceptation par le saisi de la garde des meubles saisis, ne saurait emporter acquiescement au jugement en vertu duquel la saisie a été pratiquée (1).

Le jugement par défaut des tribunaux civils ou ceux des tribunaux de commerce, lorsque la partie n'a comparu ni par avoué ni par fondé de pouvoir, ne peuvent plus être exécutés après les six mois de leur obtention. Mais les sentences par défaut des juges de paix ne sont pas soumises à cette péremption.

La tierce-opposition autorise le juge à suspendre l'exécution des jugements attaqués, suivant la gravité des circonstances, à moins qu'il ne s'agisse du délaissement de la possession d'un héritage. Quant au pourvoi en cassation, il ne suspend jamais l'exécution.

410. — La seconde catégorie des actes exécutoires

---

(1) En ce sens un arrêt de la cour de Paris, du 4 décembre 1875, *Journal des Commissaires-Priseurs*, 1874, p. 99.

se compose des décisions des tribunaux administratifs, conseils de préfecture, conseil d'Etat et de celles que les ministres et les préfets rendent dans les limites de leurs attributions. Ces décisions, pour devenir exécutoires, n'ont pas besoin d'être revêtues de la formule exécutoire, parce qu'elles émanent de l'autorité chargée spécialement de faire exécuter tous les actes publics.

Quant aux décisions émanées en matière contentieuse du conseil d'Etat, elles n'ont force exécutoire qu'autant qu'elles sont approuvées, et alors, actes du pouvoirs exécutif, elles portent le même intitulé que les lois.

Le pourvoi au conseil d'Etat ne peut suspendre l'effet d'un arrêté du conseil de préfecture, ni empêcher de statuer la cour d'appel saisie de son exécution. Un préfet ou un ministre excéderaient leurs pouvoirs en accordant un sursis.

L'arrêté du préfet qui fixe le débet des comptables de certaines communes et des établissements publics, est exécutoire sur les biens meubles et immeubles de ces comptables, sans la formule exécutoire et sans l'intervention des tribunaux, et elle confère hypothèque.

Les rôles des contributions directes sont rendus exécutoires par arrêté du préfet, conformément aux lois de finances et recouvrés sans que la formule exécutoire soit inscrite en tête.

411. — Les actes notariés forment la troisième classe des actes exécutoires. Comme les jugements, les actes notariés ne reçoivent la formule exécutoire que sur l'expédition qui prend alors le nom de grosse.

Lorsque l'acte notarié est exécuté en dehors du ressort de la cour d'appel, au chef-lieu de laquelle réside le notaire signataire de la grosse, ou hors du département de la résidence du notaire, non situé au chef-lieu de la cour d'appel, cette signature doit être légalisée par le président du tribunal.

412. — Toute saisie-exécution doit être précédée d'un commandement à la personne ou au domicile du débiteur, fait au moins un jour avant la saisie, et contenant notification du titre, s'il n'a déjà été notifié.

Le commandement coutiendra élection de domicile jusqu'à la fin de la poursuite, dans la commune où doit se faire l'exécution, si le créancier n'y demeure; et le débiteur pourra faire à ce domicile élu toute significations, même d'offres réelles et d'appel.

Un seul commandement de payer, sous peine d'y être contraint par les voies de droit, suffit à la validité de plusieurs saisies successivement exercées pour le même objet. Comme aussi, un commandement à fin de saisie immobilière peut tenir lieu du commandement qui doit précéder une saisie-exécution, quand même la saisie-exécution aurait lieu plus de trois mois après le commandement.

413. — L'exécution d'un jugement peut faire naître des questions qui, à raison du lieu qui les voit surgir, sortent de la compétence du tribunal, même ordinaire, qui a rendu le jugement, pour entrer dans la compétence du tribunal du lieu de l'exécution. C'est donc le tribunal du lieu de l'exécution qui est seul compétent pour statuer sur les difficultés matérielles que présente l'exécution, lors même que le défendeur serait domicilié dans un autre ressort.

Lorsque l'exécution se poursuit en divers lieux, la compétence sur les difficultés matérielles qu'elle fait naître est attribuée à chaque tribunal de ces divers lieux.

Le juge de paix ne peut, à notre avis, connaître, même en cas d'extrême urgence, des difficultés matérielles soulevées par l'exécution d'une décision judiciaire; c'est au juge des référés, c'est-à-dire au président du tribunal qu'il faudra recourir et qui statuera sur ces difficultés, ou qui renverra devant le tribunal, s'il y a lieu, mais en état de référé.

§ 2. — *Objets qui peuvent ou qui ne peuvent être saisis-exécutés.*

414. — En règle générale, les objets qui peuvent être saisis-exécutés sont ceux que l'article 535 du code civil comprend sous la dénomination de biens meubles ou effets mobiliers. Sont donc susceptibles d'être saisis les meubles meublants, l'argent comptant, l'argenterie, les instruments de sciences et arts, les marchandises, et, plus généralement, tout ce qui fait l'objet d'un commerce.

Cependant il faut excepter de cette règle certains objets à cause de leur nature, ou parce qu'ils sont scellés ou incorporés à des immeubles, ou parce qu'un motif d'humanité les a fait déclarer insaisissables. Ainsi, doivent être exceptés de toute saisie, à cause de leur nature, les papiers appartenant au saisi. Les billets souscrits au profit du saisi ne peuvent pas non plus être l'objet d'une saisie-exécution; la seule voie d'exécution contre les créances consiste dans la saisie-arrêt ou la saisie des rentes.

La seconde catégorie des objets non susceptibles d'être saisis-exécutés, se compose des meubles que la loi déclare immeubles par destination. Les immeubles par destination sont les objets que le propriétaire d'un fonds y a placés pour le service de l'exploitation de ce fonds, ces objets sont énumérés dans les articles 524 et 525 du code civil.

Enfin, des motifs d'humanité ont déterminé le législateur à déclarer certains objets comme ne pouvant être compris dans la saisie-exécution. Ces objets sont désignés dans l'article 592 du code de procédure civile. Ainsi, ne peuvent être saisis en aucun cas, et quelle que soit la nature de la dette, le coucher nécessaire des saisis, ceux de leurs enfants vivants avec eux, et les habits dont les saisis sont vêtus et couverts.

Le lit du saisi et celui de ses enfants sont insaisissables, quoique le débiteur ait disparu de son domicile sans qu'on sache ce qu'il est devenu.

Les effets à usage de femme trouvés au domicile du débiteur peuvent-être valablement compris dans la vente, lorsqu'ils n'ont été l'objet d'aucune revendication (1).

Les effets à l'usage personnel des enfants du débiteur tels que leurs vêtements, linge et livres d'étude et les objets mobiliers que l'on prouve avoir été donnés en cadeau à l'un des enfants, peuvent être distraits de la saisie.

---

(1) Consultez un jugement du tribunal de la Seine du 15 avril 1859, *Journal des Commissaires-Priseurs*, 1861, p. 15.

Le tribunal peut ordonnner que tel objet, un piano par exemple, qui a été compris dans la saisie, ne sera mis en vente qu'après tous les autres objets saisis et qu'autant que le prix de ceux-ci serait insuffisant pour désintéresser le créancier (1).

L'article 592 déclare aussi insaisissables les livres relatifs à la profession du saisi jusqu'à concurrence d'une valeur de 300 fr., à son choix (2); et les machines et instruments servant à l'enseignement pratique ou exereice des sciences et arts, jusqu'à concurrence de la même somme et au choix du saisi. Par instruments il faut entendre les ustensiles servant au travail personnel du saisi, et qui sont pour lui l'unique moyen de gagner son pain de tous les jours. Dans le cas de saisie-exécution sur un failli, il ne peut réclamer la délivrance des instruments ou des livres relatifs à sa profession; il n'a droit qu'aux objets énumérés dans les articles 529 et 530 du code de commerce.

L'article 592 déclare encore insaisissables les outils des artisans, nécessaires à leurs occupations personnelles; et il est à remarquer que la loi ne se préoccupe pas, dans ce cas, de la valeur des outils, elle les réservent tous, quand même leur valeur excéderait 300 francs.

Sont encore insaisissables les farines et les menues

---

(1) Mais la saisie-exécution pourrait comprendre tous les livres trouvés au domicile du saisi, dans le cas où ce dernier n'exercerait aucune profession. — Cour de Paris, 19 octobre 1854, *Journal des Commissaires-Priseurs*, 1855, p. 157.

(2) Un arrêt de la cour de Paris, du 19 octobre 1854, *Journal des Commissaires-Priseurs*, 1855, p. 156, se prononce en ce sens.

denrées nécessaires à la consommation du saisi et de sa famille pendant un mois. A défaut de farines ou menues denrées, on doit laisser sur les deniers comptants une somme équivalente à la valeur de ces objets. Par menues denrées il faut entendre les volailles, gibier, viandes coupées, pain et autres objets destinés à la nourriture de la famille. Mais la prohibition de saisir ayant été restreinte à ce qui est nécessaire pour la subsistance pendant un mois, c'est à l'huissier à proportionner la quantité au nombre d'enfants et de personnes composant le ménage du saisi.

415. — Le saisi peut consentir à ce que les objets déclarés insaisissables par la loi soient saisis et vendus ; l'insaisissabilité n'a été établie que dans l'intérêt privé du saisi ; il peut donc y renoncer au moment de la saisie, et même la vente de ces objets faite sans qu'il s'y fût opposé serait valable. Il est même admis que le saisi qui veut réclamer la distraction d'effets mobiliers compris dans une saisie-exécution, comme étant au nombre de ceux que la loi déclare insaisissables, est tenu de former sa demande au moment de la saisie, ou au plus tard avant la vente. Il n'est plus à temps pour exercer sa réclamation lorsque les objets saisis ont été vendus, quoique le produit de la vente n'ait pas encore été distribué entre les créanciers. Dans ce cas il ne peut obtenir sur le prix l'allocation de la somme jusqu'à concurrence de laquelle s'étendait l'insaisissabilité.

416. — Ne peuvent être vendus les objets qui, pour quelque cause que ce soit, ne se trouveraient pas compris dans le procès-verbal de saisie dressé par l'huissier,

§ 3. — *Des délais et formalités spéciales à la vente après saisie-exécution.*

417. — Il y aura, dit l'article 613 du code de procé·
dure civile, au moins huit jours entre la signification de la
saisie au débiteur et la vente. Par ce délai, le législateur
a voulu laisser au débiteur le moyen de contester la saisie
et de prévenir la vente en désintéressant le créancier.
Le délai de huit jours, fixé par l'article 613, doit être
franc.

Il est cependant un cas où la vente pourrait avoir
lieu avant l'expiration du délai de huitaine ; c'est celui
où les objets seraient susceptibles de se corrompre. Toutefois, il ne pourrait, dans ce cas, être procédé à la
vente avant l'expiration du délai de huitaine, sans une
ordonnance du juge rendue en référé.

Le code de procédure a tracé le délai avant lequel la
vente ne peut être faite ; mais il n'a point déterminé celui dans lequel elle doit être faite ; il en résulte qu'une
saisie-exécution peut durer trente ans.

418. — Le procès-verbal de saisie-exécution doit contenir le jour de la vente. Ce jour, d'ailleurs, doit-être,
d'après l'article 614 du code de procédure indiqué au
débiteur par la signification qui lui est faite du procès-
verbal. Mais, si la vente se fait à un jour autre que celui
fixé par la signification, la partie saisie doit être appelée, avec un jour d'intervalle, outre un jour pour trois
myriamètres de distance entre le domicile du saisi et le
lieu où les effets sont vendus.

La partie saisie est appelée à la vente par une somma.
tion à personne ou domicile ; et le délai entre cette sommation et la vente doit être d'un jour franc (1).

419. — La vente, aux termes de l'article 616 du code
de procédure, doit être précédée d'un procès-verbal de
récolement, qui ne contient aucune énonciation des
effets saisis, mais seulement de ceux en déficit, s'il y en a.
A la différence du récolement prescrit par les articles
605 et 606 en cas de changement de gardien, le procès-
verbal de récolement dont il s'agit ici doit être fait devant témoins ; il n'en est pas donné copie.

420. — C'est au moment où il est procédé au récolement que la partie saisie doit faire ses réclamations, si
elle a à en faire, sous peine de ne pouvoir plus tard élever
de contestation sur déficit ou défaut de soin, par action
principale. Il est prononcé en référé. Le défaut même
de récolement, si la partie saisie dûment appelée avait
consenti à ce qu'il n'y en eût pas, ne lui donnerait pas
droit d'élever des réclamations après la vente .

421. — Si l'huissier ne fait pas lui-même la vente il
remet les objets saisis au commissaire-priseur, ou à
l'officier qui en est chargé, et constate cette remise par
un procès-verbal signé de celui qui s'en charge.

---

(1) Autrefois, les opposants, lorsque la vente se faisait à un autre
jour que celui indiqué par la signification de la saisie, devaient
être également appelés à la vente par une sommation ; l'article 615
du code de procédure a supprimé cet usage ; aujourd'hui, les opposants ne doivent plus être appelés. Le législateur a pensé qu'ils
étaient suffisamment avertis par les placards qui sont affichés.

422. — L'article 617 du code de procédure indique les endroits et les jours où la vente doit avoir lieu. La vente, porte cet article, sera faite au plus prochain marché public, aux jour et heure ordinaires des marchés, ou un jour de dimanche (1); pourra néanmoins le tribunal permettre de vendre les effets en un autre lieu plus avantageux. La permission de vendre en un autre lieu que le prochain marché est demandée par requête, présentée non pas au président seul, mais au tribunal qui y fait droit par une ordonnance.

S'il se trouvait dans la saisie des objets trop dispendieux à déplacer, ou dont la valeur augmenterait en les vendant sur place, le saisissant pourrait obtenir l'autorisation de faire opérer la vente de ces objets dans le lieu où ils se trouvent, ou même, s'il y avait avantage, dans une salle destinée aux ventes ; alors la vente se ferait aux jour et heure qu'on jugerait le plus convenable. Il faut pour cela un jugement de la chambre du conseil, rendu sur requête. Cette autorisation s'obtiendrait aussi par un référé.

Si l'officier vendeur ne peut vendre tous les effets dans le jour ou se tient le marché, il ne doit pas conti-

---

(1) Ordinairement les ventes forcées n'ont lieu le dimanche que dans les communes ou cantons, et non dans les chefs-lieux d'arrondissement.

L'huissier qui procéderait à la vente des meubles saisis, sur les les lieux mêmes de la saisie, un jour de dimanche, alors que le plus prochain marché se tient au chef-lieu d'arrondissement où le droit exclusif de faire cette vente appartient aux commissaires-priseurs, empiète sur les attributions de celui-ci et se rend passible envers lui de dommages-intérêts. — En ce sens un jugement du tribunal civil de Saint-Amand, du 18 juin 1874, rapporté dans le *Journal des Commissaires-Priseurs*, 1874, p. 161.

nuer le lendemain, mais renvoyer au plus prochain jour de marché.

423. — Quel que soit le lieu où la vente doive être faite, elle est annoncée un jour auparavant par quatre placards au moins, et par la voie des journaux dans les villes où il y en a.

Nous avons dit ci-dessus, (n°s 384 et suivants), toutes les règles et toutes les formalités qui se rapportent aux placards et aux insertions dans les journaux : elles sont les mêmes pour les ventes mobilières après décès et pour les ventes mobilières après saisie.

Nous en dirons autant des autres formalités, telles que les diverses déclarations au bureau de l'enregistre-ment, à la chambre des commissaires-priseurs, à l'ad-ministration de la monnaie.

424. — Quant aux formalités particulières à la vente forcée des barques, chaloupes et bâtiments, et à la vente de la vaisselle d'argent, des bagues et joyaux, nous ne répéterons pas non plus les observations que nous avons déjà présentées. Nous ajouterons cependant que l'exposition de la vaisselle d'argent, de bagues et joyaux de valeur de trois cents francs au moins, doit être fait à trois jours différents, ainsi que le prescrit l'article 621 du code de procédure.

Mais il n'y a pas d'intervalle fixé entre les trois expo-sitions.

L'estimation des bijoux se fait sur le procès-verbal d'exposition, par un expert qui signe ce procès-verbal.

A la troisième exposition, on peut, vendre les objets

mentionnés en l'article 621, puisque l'article 41 du tarif comprend cette exposition dans la vacation de vente.

425. — La loi ne s'explique pas sur l'intervalle qui doit exister entre la vente et la saisie, lorsqu'on fait les trois publications dans les journaux; il s'ensuit qu'il suffit qu'elles soient faites à des jours différents, sans autres intervalles.

426. — Lorsque les effets saisis par un créancier consistent en objets précieux dont la vente publique, trop précipitée, causerait un préjudice réel au débiteur et à ses autres créanciers, les tribunaux peuvent, sur la demande de ces derniers, ordonner un sursis à la vente s'ils ont intérêt à ce que le débiteur maintienne son établissement et liquide ses affaires.

427. — Le procès-verbal de récolement, dressé par l'huissier qui se présente pour saisir lorsqu'une saisie est déjà pratiquée, vaut opposition sur les deniers de la vente.

Dans son intérêt surtout, et dans celui des créanciers, le commissaire-priseur doit avoir bien soin de se faire représenter toutes les significations faites au gardien, qui, ne connaisssnt pas ses devoirs, laisserait ignorer les actes qui lui auraient été signifiés.

On sent toute l'importance de cette démarche : un oubli pourrait entraîner le commissaire-priseur à payer deux fois le montant de la vente (1).

---

(1) Voir dans *Journal des Commissaires-Priseurs*, 1849, p. 286,

428. — La vente a lieu à la requête du créancier saisissant. Faute, cependant, par le saisissant de faire vendre dans les délais fixés par les art. 617, 618, 619, 620 et 621 du code de procédure civile, tout opposant ayant titre exécutoire peut, sommation préalablement faite au saisissant, et sans former aucune demande en subrogation, faire procéder au récolement des effets saisis sur la copie du procès-verbal de saisie, que le gardien est tenu de présenter, et de suite à la vente, (art. 612 du code de procédure).

429. — Astreint seulement à la garde et à la conservation des choses saisies, le gardien n'est pas obligé de les transporter au lieu ou elles doivent êtres vendues ; c'est le saisissant qui doit faire effectuer ce transport, et l'officier vendeur est remboursé des frais qu'il occasionne sur les quittances qu'il en représente, ou sur sa simple déclaration, si les voituriers ou gens de peine ne savent pas écrire.

430. — L'article 585 du code de procédure dit que la partie poursuivante ne pourra être présente à la saisie ; le législateur a voulu, par là, empêcher les scènes fâcheuses et de désordre qui souvent pourraient avoir lieu entre le saisissant et le saisi. Le même motif doit exister pour la vente, et cet article est, nous le pensons

un article dans lequel M. Le Hir soutient que l'officier ministériel qui précéderait à la vente, à la requête du premier saisissant et en remettnut les deniers ne serait pas responsable envers les créanciers au nom desquels aurait été fait le récolement dans le cas où il ne lui aurait pas été donné connaissance de ce récolement.

applicable à la vente comme à la saisie. D'ailleurs, la présence du poursuivant est inutile; la remise des pièces à l'huissier vaut pouvoir pour toutes exécutions autres que la saisie immobilière pour laquelle il est besoin d'un pouvoir spécial; par conséquent, c'est à l'huissier de faire procéder à la vente et de la requérir.

Le réquisitoire signé, l'officier vendeur procède à la vente sans qu'il soit besoin de constater la présence ou l'absence de l'huissier, à qui le tarif n'accorde aucune indemnité pour sa vacation à la vente, mais seulement pour la requérir.

431. — Quant à la partie saisie, après sommation à elle faite d'assister à la vente, sa présence ou son défaut de comparution sont constatés sur le procès-verbal. Mais en cas d'absence du saisi, l'huissier n'est pas tenu de le faire représenter.

432. — Si l'huissier ne fait pas lui-même la vente, il remet les objets saisis au commissaire-priseur ou à l'officier qui doit la faire, et constate cette remise par un procès-verbal signé de celui qui s'en charge. M. Benou conseille de remettre plutôt les objets saisis au gardien qui, alors, les représente au commissaire-priseur et qui se trouve déchargé de sa garde par le procès-verbal même de vente : si la remise, dit-il, était faite par l'huissier au commissaire-priseur, celui-ci deviendrait par ce fait même responsable des meubles; et si, par quelque cause que ce fût, la vente venait à être suspendue ou à n'avoir pas lieu, cette responsabilité serait lourde, et il ne pourrait s'en décharger qu'en nommant un gardien au lieu et place de celui qu'avait com-

mis l'huissier ; car, dans ce cas, celui-ci aurait sa décharge par le procès-verbal de récolement, et alors le commissaire-priseur se trouverait garant du gardien qu'il aurait choisi. Il est donc important pour le commissaire-priseur de ne pas employer cette dernière marche, qui peut le compromettre gravement.

433. — Aux termes de l'article 622 du code de procédure, lorsque la valeur des objets saisis excède le montant des causes de la saisie et des oppositions, il n'est procédé qu'à la vente des objets suffisants à fournir la somme nécessaire pour le paiement des créances et frais. Cet article doit être entendu en ce sens, qu'il y a lieu d'arrêter la vente dès l'instant où les objets vendus ont produit une somme suffisante pour payer : 1° les causes de la saisie ; 2° les sommes dues aux créanciers opposants ; 3° les frais de la saisie et de la vente.

Si le prix de la vente est plus considérable que ce qui est dû, l'excédant doit être remis au saisi, à moins qu'il n'y ait opposition.

Quant aux objets non vendus, ils sont également remis au saisi qui en donne décharge en signant le procès-verbal de l'huissier (1).

434. — Les propriétaires des effets saisis, autres que le saisi, peuvent seuls former opposition à la vente. Quant aux créanciers du saisi, ils n'ont que le droit,

---

(1) Consulter sur l'application de l'article 622 du code de procédure un arrêt de Rennes, du 3 avril 1844 et un arrêt de cassation du 3 août suivant, tous deux reproduits dans le *Journal des Commissaires-Priseurs*, t. I, p. 232 et t. II, p. 15.

après une première saisie, de former opposition sur les deniers de la vente (articles 609 et 611, du code de procédure (1).

435. — La vente aimable d'objets compris dans une saisie-exécution consentie par le débiteur saisi, est nulle à l'égard des créanciers récolants ou opposants ou seconds saisissants, alors même qu'elle a eu lieu pour désintéresser le premier saisissant (2).

436. — Quand des poursuites d'exécution étant commencées, le débiteur tombe en faillite, c'est au juge commissaire et au tribunal de commerce de décider si ces poursuites doivent ou non être suspendues.

En conséquence, si la vente d'objets saisis sur le débiteur a été commencée et si, la faillite survenant, une ordonnance de juge-commissaire a prescrit de surseoir, le juge des référés ne peut ordonner que la vente sera continuée (3).

437. — Le débiteur qui, après avoir délégué jusqu'à concurrence du montant de la créance du saisissant et des frais le prix provenant de la vente publique de son mobilier, a reçu le solde de ce prix et en a donné quittance sans aucune réserve, est non recevable à former ultérieurement contre le saisissant une demande en

---

(1) Voir sur cette question un intéressant article de M. Le Hir, publié dans le *Journal des Commissaires-Priseurs*, 1849, p. 286.

(2) Voir un arrêt de Caen du 1er mai 1855, dans le *Journal des Commissaires-Priseurs*, 1857, p. 139.

(3) Consulter sur ce point deux arrêts de Paris, du 11 août 1855, recueillis dans le *Journal des Commissaires - Priseurs*, 1855, page 261, et 1856, page 261.

dommages-intétêts, fondée sur ce que la vente aurait été continuée au delà des causes de la saisie.

D'ailleurs, en pareil cas, ce n'est pas contre le créancier saisissant que la demande en dommages-intérêts doit être intentée, mais bien contre l'huissier qui a procédé à la vente, alors surtout qu'il n'est pas prouvé que le saisissant lui ait donné le mandat de la continuer au delà des causes de la saisie (1).

439. — Voici, maintenant, une formule applicable aux ventes mobilières sur saisie (2).

FORMULE D'UN PROCÈS-VERBAL DE VENTE SUR SAISIE.

L'an mil huit cent quatre-vingt, le. . . . . .

En notre étude et par-devant nous (nom, prénoms, demeure de l'officier vendeur) *a comparu* (nom, prénoms, demeure de l'huissier poursuivant.)

Au nom et comme porteur de pièces de poursuites exercées à la requête de (nom, prénoms et demeure du poursuivant) *sur le sieur* (nom, prénoms et demeure de la partie saisie);

Lequel dit sieur comparant nous a représenté (3) :

---

(1) En ce sens un arrêt de Bruxelles du 19 décembre 1862, rapporte dans le *Journal des Commissaires-Priseurs*, 1864, p. 24.

(2) Le commissaire-priseur doit avoir soin de faire, avant la vente, un relevé de la saisie, afin de savoir quels sont les objets qui sont ou ne sont pas sous la main de justice.

(3) Le réquisitoire doit être répertorié avant la vente; le droit d'enregistrement de cet acte est de deux francs, plus les décimes ; toutefois, si le réquisitoire est fait le même jour que la vente, il est considéré comme faisant corps avec le procès-verbal, et n'est, dès lors, soumis à aucun droit particulier.

1° *La grosse dûment en forme exécutoire d'un jugement du tribunal de commerce* ou *de première instance. . ., rendu* (contradictoirement ou par défaut) *le. . . . . ., dûment enregistré et signifié le. . . . . ;*

Lequel porte, etc. (analyser ou copier le dispositif du jugement) ;

2° *Un exploit de. ., . . . huissier, en date du. . . . . enregistré, contenant signification dudit jugement, avec commandement,* etc. ;

(Énoncer toutes les pièces ayant rapport à la vente, et principalement les jugements et ordonnances qui autorisent la vente dans les lieux ou dans un autre local.)

Attendu que, pour lui donner le plus de publicité possible, ladite vente a été annoncée par. . . affiches, placards (imprimés ou manuscrits), *apposés en la ville de. . ., aux lieux accoutumés et voulus par la loi, ainsi que le constate le procès-verbal de. . . . . ., huissier, en date du..., enregistré, et par. . . . insertions dans le journal de . . . ., en date du. . . sous le n°. . . . ;*

Pourquoi, et attendu que toutes les formalités voulues par la loi ont été exactement remplies, ledit sieur nous requiert de nous transporter le (ou cejourd'hui) *heure de. . ., rue..., n°. . .. à l'effet d'y procéder à la vente de meubles et objets saisis sur ledit sieur* (partie saisie).

Et a ledit sieur (huissier) *signé, avec nous commissaire-priseur, après lecture.*

(Signature de l'huissier et du commissaire-priseur.)

PROCÈS-VERBAL DE VENTE

L'an mil huit cent quatre-vingt le. . . . .

En conséquence de la réquisition qui précède, nous, commissaire-priseur susdit et soussigné, nous sommes transport, pour procéder à la vente requise, au domicile sus-indiquéé où étant nous avons trouvé le sieur. . . . ., établi gardien judiciaire des objets par le procès-verbal de saisie précité ;

Lequel, sur notre interpellation, nous a déclaré qu'il s'offrait à nous faire la représentation desdits effets, et qu'il n'était survenu aucun empêchement ni opposition, soit entre ses mains, soit au récolement fait par M. (huissier), en date du. . , . ., enregistré ou bien en déclarant qu'un récolement ou une saisie précédente avait été pratiquée à la requête de M. . . . ., par. . . . ., huissier.

Pour parvenir à laquelle vente nous avons fait notre déclaration à la Chambre des commissaires-priseurs (s'il y a lieu), et au bureau d'enregistrement du. . ., arrondissement de. . ., ainsi qu'il résulte de la copie transcrite en tête des présentes, et dont extrait demeure ci-annexé.

Après avoir fait mettre, à la porte extérieure de la maison où nous sommes, une affiche indicative de vente (1), nous y avons procédé de la manière et ainsi qu'il suit :

---

(1) Si la partie saisie n'est pas présente, on met après ces mots : affiche indicative de vente: *attendu qu'il a été fait sommation par exploit de. . . ., etc.,* ou *contenu en la saisie, audit sieur* (partie saisie), *de se trouver pour être présent, si bon lui semble, à la vente qui aura lieu le. . . ., heure de. . . ., rue. . . ., n°. . . ., avec déclaration que, faute par lui de ce faire et de se trouver aux jour, lieu et heure susdits, il serait contre lui donné défaut et passé outre à ladite vente hors sa présente ; et attendu qu'il est l'heure de. . . ., sans que le dit sieur* (le saisi) *soit comparu ni personne pour lui, nous avons contre lui donné défaut, et pour le profit, avons passé outre à la vente, ainsi qu'il suit :*

Et ont le sieur (huissier), *ainsi que les sieurs* (nom, prénoms, demeure et profession des deux témoins), *témoins
par nous exprès requis ainsi que le gardien, signé avec nous
commissaire-priseur, après lecture.*

(Signatures.)

*Nous avons fait exposer et mettre en vente les objets dans
l'ordre suivant :*

1º. . . . .
2º. . . . .
Total de la présente vente. . . . .
*Qui sont tous les immeubles et effets compris en la saisie
précitée et à comprendre en la présente vente* (ou dans la partie saisie a consenti la vente).

*Et attendu qu'il ne s'est plus rien trouvé à comprendre en
ladite vente, nous l'avons déclarée close et terminée* (1).

Le montant de la présente vente est de. . . ., *dout nous
demeurons chargé pour en compter quand et à qui il appartiendra.*

Il a été vaqué à tout ce que dessus depuis ladite heure de...
jusqu'a celle de. . . . .

*Et du tout nous avons dressé le présent procès-verbal que le
sieur.* . . . ., *huissier* (et le saisi, s'il est présent), *nos témoins
et le gardien, ont signé avec nous, commissaire-priseur, après
lecture.*

(Signatures.)

Si la partie saisie est présente, il n'y a lieu à aucun dire ; il
est seulement fait mention de sa présence, et le commissaire-
priseur doit la faire signer, ou constater son refus ou son impossibilité.

(1) Lorsque le gardien n'a pas eu décharge de sa garde par le
procès-verbal de récolement de l'huissier, le commissaire-priseur
doit le décharger par la clôture de son procès-verbal de vente.

440. — Dans le cas où il y a lieu à estimation de bijoux, voici une formule pour le procès-verbal.

PROCÈS-VERBAL D'ESTIMATION DE BIJOUX.

L'un mil huit cent quatre-vingt le . . . . . .
En conséquence de la réquisition qui précède.
Nous, commissaire-priseur susdit et soussigné, nous som-
mes transporté rue. . . ., n° . . ., en un (désignation du lieu)
dépendant de la maison susdite,
Où étant, par-devant nous a comparu M. (nom de l'huissier).

Lequel nous a de nouveau requis de procéder à l'exposition
des objets de bijouterie à comprendre en la vente dont s'agit (1),
et de , conformément à l'art. 621 du code de procédure ci-
vile, faire procéder à l'estimation desdits objets; ce à quoi
obtempérant, nous avons fait faire ladite estimation par
MM. (noms, prénoms, demeure et énonciation des experts
choisis), *experts par nous exprès requis et agréés dudit sieur*
(requérant) ; *lesquels ont procédé à ladite estimation de la*
manière qu'il va suivre :

1° Cinq bagues en or montées de brillants, estimées cinq
cents francs, ci. . . . . ⋅   500 *fr.* »

2° Sept montres en or à cylindre montées
sur pierres, estimées neuf cents francs, ci. . .   900   »

Ainsi de suite.

____

Total de l'estimation, quatorze cents francs
ci. 1,400   »

- -

Voici la mention qui doit être faite : *Nous avons en conséquence dé-*
claré le sieur. . . . . . . , gardien, bien et valablement quitte et
déchargé de la garde des objets qui lui avaient été confiés par le
procès-verbal de saisie précité.

(1) Pour que le commissaire-priseur puisse rédiger lui-même le
procès-verbal d'exposition, il faut qu'il ait ouvert son procès-
verbal et que le réquisitoire soit signé ; en conséquence, il y fera
mention des actes à faire.

Au fur et à mesure de la représentation qui nous a été faite du tout par M. (nom, prénoms, profession, demeure du gardien), *établi gardien desdits objets par le procès-verbal de saisie ci-dessus relaté.*

Et ne s'étant plus rien trouvé à comprendre en la présente estimation, les sieurs (experts) *ont signé avec nous commissaire-priseur, après lecture, et se sont retirés.*

(Signatures.)

En conséquence, nous avons étiqueté tous les objets ci-dessus énoncés, les avons divisés en (tant de) *lots, pour parvenir au classement d'iceux, afin de laisser examiner aux amateurs.*

Lesdits objets sont restés en exposition depuis ladite heure de. . . . jusqu'à celle de. . . .. et attendu qu'il est. . . . . heure sonnée, nous avons clos le présent procès-verbal, auquel il a été vaqué par. . . . . vacation ; en conséquence, nous avons annoncé aux marchands et amateurs que la vacation pour la continuation de ladite exposition serait remise au. . . . (1).

De ce que dessus nous avons dressé le présent procès-verbal que le requérant, le gardien et les sieurs (noms, prénoms et profession des deux témoins), *témoins par nous exprès requis, ont signé avec nous commissaire - priseur, après lecture.*

(Signatures.)

---

(1) Cette rédaction est à changer ainsi lorsque l'on dresse le procès-verbal de la troisième exposition.

Nous avons annoncé que l'exposition étant terminée, la vente aurait lieu le. . . . , ainsi que l'indiquent les affiches et les insertions.

441. — Lorsque le commissaire-priseur vend de la vaisselle d'argent ou des bagues et joyaux, et que les enchères ne s'élèvent pas au montant de la valeur intrinsèque pour la vaisselle, et de l'estimation des gens de l'art pour les bijoux l'officier vendeur ne pouvant adjuger, continue la vente un autre jour, en ces termes :

Un service en argent du poids de. . . . . (l'énoncer par la dénomination décimale), *lequel représente une valeur réelle de 3,000 francs en cours.*

Un collier orné de pierres fines, estimé 2,000 francs.

Attendu que les enchères ne se sont élevées sur la vaisselle qu'à 2,900 francs, et sur le collier qu'à 1,900 francs, centimes par franc compris, nous nous sommes abstenu de prononcer l'adjudication que nous avons renvoyée à. . . . . *pour y être procédé après un nouvel accomplissement des formalités spéciales des articles 620 et 621 du code de procédure.*

CHAPITRE XIX

—

DE LA VENTE SUR SAISIE-GAGERIE

442. — Plusieurs voies d'exécution sont ouvertes aux propriétaires ou principaux locataires, pour obtenir le paiement de leurs loyers ou fermages : ils peuvent avoir recours à la saisie-immobilière, à la saisie-exécution, à la saisie-brandon, à la saisie-arrêt, etc. De plus, la loi leur a accordé une voie d'exécution toute particulière, celle de la saisie-gagerie.

443. — La saisie-gagerie est réglée par les articles 817 et suivants du code de procédure civile.

Les propriétaires et principaux locataires des maisons ou biens ruraux, soit qu'il y ait bail, soit qu'il n'y en ait pas, peuvent, un jour après le commandement et sans permission du juge, faire saisir-gager, pour loyers et fermages échus, les effets et fruits étant dans lesdites maisons ou bâtiments ruraux et sur les terres ; ils peuvent même faire saisir-gager, à l'instant, en vertu de la permission qu'ils en auront obtenue sur requête du président du tribunal de première instance. — Ils peuvent aussi saisir les meubles qui garnissent la maison ou la ferme, lorsqu'ils ont été déplacés sans leur consentement; et ils conservent sur eux leur privilège, pourvu qu'ils en aient fait la revendication conformément à l'article 2102 du code civil.

444. — Les effets des sous-fermiers et sous-locataires, garnissant les lieux par eux occupés et les fruits des terres qu'ils sous-louent, peuvent être saisis - gagés pour les loyers et fermages dus par le locataire ou fermier de qui ils tiennent; mais ils obtiendront mainlevée en justifiant qu'ils ont payé sans fraude, et sans qu'ils puissent opposer des paiements faits par anticipation.

445. — La saisie-gagerie sera faite en la même forme que la saisie-exécution : le saisi pourra être constitué gardien; et s'il y a des fruits, elle sera faite dans la forme de la saisie-brandon.

Il ne pourra être procédé à la vente sur saisie-gagerie, qu'après que celle-ci aura été déclarée valable.

446. — Le commandement qui doit précéder la saisie-gagerie doit être fait suivant les formes des articles 583 et 584 du code de procédure; le procès-verbal de saisie-gagerie est également soumis aux dispositions des articles qui suivent, relatives au procès-verbal de saisie-exécution, sans qu'il soit besoin toutefois d'indiquer le jour de la vente, ce jour n'étant connu qu'après que la saisie-gagerie a été validée par jugement.

447. — La saisie-gagerie est signifiée avec assigna-

tion en validité. En déclarant la saisie valable, le tribunal ou le juge de paix ordonne la vente des objets saisis jusqu'à concurrence des causes de la saisie, des frais, etc., et condamne le gardien à la représentation des effets.

448. — Les objets insaisissables sont désignés dans articles 592 et 593 du code de procédure civile (1).

449. — L'article 819 du code de procédure, permet de saisir-gager, non-seulement les effets et les fruits qui sont dans les maisons et bâtiments ruraux, mais encore ceux qui sont sur les terres. S'il y a des fruits pendants par racines à saisir, on suit les formes tracées pour la saisie-brandon par les articles 636 et suivants du code de procédure. Il est admis que la saisie-brandon, faite en vertu de l'article 819, peut être opérée en tout temps, à la requête du bailleur, et que celui-ci n'est pas soumis à la disposition de l'article 620 qui défend de saisir-brandonner avant les six semaines qui précèdent l'époque ordinaire de la maturité des fruits.

450. — La saisie-brandon, de même que la saisie-gagerie des meubles qui garnissent les lieux loués, peut être faite directement et en dehors des dispositions de

---

(1) Un jugement du tribunal de la Seine, du 30 décembre 1859. (*Journal des Commissaires-Priseurs*, 1862, p. 16) a jugé que la saisie-gagerie pratiquée sur un statuaire, peut comprendre ses œuvres qui se trouvent dans l'atelier et notamment le modèle ou plâtre d'une statue ainsi que la statue en marbre elle-même, quoiquelle ne soit pas complètement terminée. Cette décision nous paraît excessive.

l'article 819, par le propriétaire qui a un bail authenthique et exécutoire; mais, à défaut de titre exécutoire, la vente ne peut avoir lieu sans un jugement qui déclare la saisie valable.

451. — Des oppositions à la saisie-gagerie pourraient être faites par des tiers qui se prétendraient propriétaires des objets saisis; mais elles ne sauraient venir des créanciers, à tout autre titre, du saisi; en effet, l'article 609 du code de procédure sur les saisies-exécutions, que l'article 825 déclare applicable à la saisie-gagerie, porte que : « Les créanciers du saisi, pour quelque cause que ce soit, même pour loyers, ne pourront former opposition que sur le prix de la vente. » L'opposition des créanciers n'empêcherait donc en aucun cas, qu'il fût donné suite à la saisie et à la vente des meubles. Après la vente et lors de la distribution des deniers, les créanciers opposants feront valoir leurs droits.

452. — S'il s'élevait des difficultés pendant la vente sur saisie-gagerie et qu'il y eût lieu à référer, ce ne serait, dans aucun cas, devant le juge de paix que le référé devrait être porté, mais devant le président du tribunal de première instance.

453. — La saisie-gagerie peut-elle être exercée pour des termes non encore échus ? — Le privilège du bailleur, si les baux ont date certaine, s'étend sur les termes à échoir comme sur ceux échus ; mais l'article 819 du code de procédure civile n'autorise à saisir-gager que pour les loyers et fermages échus. Cependant si le fermier

cherchait à soustraire frauduleusement son mobilier, ou s'il venait à déguerpir de la ferme après avoir vendu ses meubles et récoltes à un tiers, nul doute que le propriétaire ne pût, au moyen de la saisie-gagerie, mettre sous la main de la justice les meubles et les fruits pendants par racines, pour sûreté des loyers à échoir ou restant à courir.

454. — Ce sont les meubles seulement appartenant au fermier, qui sont soumis au privilège du propriétaire et à la saisie-gagerie ; ceux qui auraient été déposés momentanément dans la ferme, ou les instruments aratoires qu'il aurait empruntés pour s'en servir, n'y seraient pas soumis.

Il en serait autrement des meubles pris en location par le locataire pour garnir sa maison ; ils tomberaient sous le privilège du bailleur, à moins toutefois qu'avant l'introduction des meubles, le locateur de ces meubles n'en eût fait signifier l'état au propriétaire.

De même pour les meubles mis par un tiers en dépôt chez un locataire, ils n'échappent au privilège et au droit de saisie-gagerie du bailleur, qu'autant que ce dernier a pu savoir, soit par certaines circonstances de fait, soit par une notification directe, que ces objets appartenant à un tiers n'étaient pas destinés à garantir les lieux loués (1).

455. — La vente que le locataire aurait faite, même

---

(1) On peut consulter en ce sens un arrêt de la cour de Rouen du 17 juin 1871, recueilli dans le *Journal des Commissaires-Priseurs*, 1873, p. 39.

par acte authentique, des meubles qui garnissent sa
maison, n'empêcherait pas le propriétaire d'exercer son
privilège sur ces meubles après le déplacement, pourvu
qu'il le fit dans les délais impartis par l'article 2102.
du code civil. Cependant les fruits récoltés ou denrées
ne seraient pas soumis, en cas de vente, à la revendication du propriétaire ; leur destination mettrait les acheteurs à l'abri de toute réclamation ; il en serait autrement
s'ils avaient seulement été déplacés.

456. — C'est par opposition aux loyers à échoir, que
l'article 2102 n'accorde privilège, à défaut de bail ayant
date certaine, que pour une année, à partir de l'expiration de l'année courante. Quant aux loyers échus, ils
sont garantis par le privilège, que le bail ait ou non
date certaine.

457. — La tacite reconduction, qui s'opère après
l'expiration du bail authentique ou de date certaine, jouit
du privilège, pour les fermages à échoir, de même que
le bail ayant date certaine, la durée du nouveau bail
étant déterminée par la loi, suivant l'usage des lieux,
s'il s'agit d'une maison, ou par les années nécessaires
à l'exploitation, s'il s'agit d'un bien rural, et aucune
fraude n'étant par conséquent possible quant à cette
durée.

458. — Il faut ajouter aux sommes payées sur les
fruits et meubles, de préférence à celles dues au propriétaire, la contribution foncière ; ce qui ne constitue
pas, au reste, un véritable droit de préférence en faveur
du trésor public, puisque c'est le propriétaire lui-même
qui est débiteur direct de la contribution foncière.

459. — L'article 2102 étend le privilège du propriétaire aux réparations locatives et à tout ce qui concerne l'exécution du bail, d'où l'on a conclu que le privilège a lieu pour les avances faites par le propriétaire, en argent ou en denrées, pour faciliter au fermier la mise en valeur de la ferme. Ce privilège n'est pas douteux ; mais on a prétendu que les avances ne pouvaient être prouvées que par le bail même ; qu'il fallait qu'elles y fussent stipulées ; d'autres enseignent, avec plus de raison, qu'il suffit qu'il soit constaté par une preuve régulière que les avances ont été faites au fermier à son entrée ou pendant sa jouissance.

Au reste, l'officier vendeur n'a pas à se préoccuper des causes de la saisie-gagerie et de la somme pour laquelle elle a eu lieu. Le jugement qui doit toujours précéder la vente, fixe ce qui est dû au propriétaire, et, par conséquent jusqu'à concurrence de quelle somme les meubles doivent être vendus.

460. — La saisie-gagerie pratiquée à la requête d'un propriétaire sur les meubles et bestiaux appartenant à son fermier a pour effet d'empêcher ce dernier de disposer des objets saisis sans le consentement du saisissant. S'il les a vendus depuis la saisie, l'acheteur ne peut, vis-à-vis du saisissant, profiter de la vente qu'en offrant de le désintéresser intégralement des causes de la saisie et non pas seulement en lui offrant le prix de la vente, surtout s'il est inférieur à la valeur réelle des objets vendus (1).

____

(1) Voir en ce sens un arrêt de la cour de Rouen du 25 avril 1857, recueilli dans le *Journal des Commissaires-Priseurs*, 1859, p. 151.

461. — Le tribunal de commerce n'est pas compétent pour statuer sur la demande en validité d'une saisie-gagerie pratiquée sur les effets mobiliers d'une société commerciale en vertu d'une autorisation du président de ce tribunal, et pour déclarer l'existence d'un privilège en faveur du saisissant (1).

462. — Est valable à l'égard des créanciers du fermier, la vente amiable faite au propriétaire, en paiement de fermages dûs, des meubles garnissant la ferme et des récoltes pendants par racines, encore bien que cette vente ait eu lieu après une résiliation de bail survenue par suite de la déconfiture du fermier, surtout si cette vente a été faite de bonne foi, sans fraude, et s'il est constant que la vente publique par suite de saisie, n'eût pu produire qu'un résultat désavantageux.

Même au cas où le propriétaire, pour arrêter les poursuites, aurait payé le créancier qui avait fait saisir les récoltes ou se serait engagé à le désintéresser quoique ce créancier n'ait pas été privilégié.

463. — La circonstance que des fruits et récoltes ne sont point encore parvenus à l'époque présumée de leur maturité, ne s'oppose pas à ce qu'ils fassent l'objet d'une vente amiable du fermier au propriétaire, alors surtout que cette vente intervient après la résiliation du bail et après une saisie-brandon pratiquée à la requête d'un créancier du fermier.

Les autres créanciers du fermier ne sont pas fondés

____

(1) Voir en ce sens un arrêt de Riom dn 4 août 1855, rapporté dans le *Journal des Commissaires-Priseurs*, 1858, p. 11.

à prétendre que cette vente n'a pas transféré à l'acheteur la propriété des récoltes, sous prétexte qu'elle n'a pas été suivie d'une tradition réelle entre ses mains et que dès lors, il n'a qu'une action personnelle contre le vendeur pour obtenir la délivrance desdites récoltes.

464. — La nouvelle saisie-brandon pratiquée à la requête d'un autre créancier du fermier, postérieurement à la vente amiable consentie par ce dernier au propriétaire, ne peut pas davantage en empêcher l'effet, et cela encore bien que le créancier, qui avait fait opérer la première saisie, n'ait pas été réellement désintéressé, s'il ne réclame pas (1).

465. — Le greffier de justice de paix qui, avec le consentement du propriétaire créancier saisissant et après s'être engagé verbalement à sauvegarder ses intérêts, a procédé à la vente volontaire du mobilier saisi-gagé sur un locataire, n'est pas fondé à déduire du produit de la vente, grevé du privilège du locateur, le montant d'adjudication faite à crédit au saisi et autres que celles relatives à des objets déclarés insaisissables par la loi.

En pareil cas, l'officier ministériel ne doit pas laisser le saisi enlever sans paiement préalable les objets mobiliers à lui adjugés à crédit; il doit, tout au moins, avertir le propriétaire, afin que ce dernier puisse s'opposer à l'enlèvement; et s'il ne le fait pas, il est respon-

---

(1) Voir en ce sens un arrêt de Caen, du 28 août 1860, rapporté dans le *Journal des Commissaires-Priseurs*, 1862, p. 126.

sable vis-à-vis de ce dernier, du montant des causes de la saisie (1).

466. — Le formule de vente par suite de saisie-gagerie est la même que pour la vente par suite de saisie-exécution; on analyse ou on copie, dans le réquisitoire de vente, le dispositif du jugement qui a ordonné la vente.

---

(1) Consulter un jugement du tribunal de la Seine du 1er octobre 1864, rapporté dans le *Journal des Commissaires-Priseurs*, 1864, p. 136.

CHAPITRE XX

—

DE LA VENTE SUR SAISIE-FORAINE

467. — Tout créancier, même sans titre, peut, dit l'article 822 du code de procédure civile, sans commandement préalable, mais avec la permission du président du tribunal de première instance et même du juge de paix, faire saisir les effets trouvés en la commune qu'il habite, appartement à son débiteur forain.

Le saisissant sera gardien des effets, s'ils sont en ses mains; sinon il sera établi un gardien.

Il ne pourra être procédé à la vente, sur la saisie-foraine, qu'après qu'elle aura été déclarée valable; le saisi, dans le cas de l'article 821, le saisissant, dans le cas de l'article 823, ou le gardien, s'il en a été établi, seront condamnés à la représentation des effets.

Seront, au surplus, observées les règles prescrites pour la saisie-exécution, la vente et la distribution des deniers.

Telles sont les dispositions des articles 824 et 825 du code de procédure sur la saisie-foraine; plusieurs observations sont à faire.

468. — Par les expressions *débiteur forain* la loi n'entend pas désigner particulièrement les marchands forains, colporteurs, voituriers et autres personnes qui, menant une vie ambulante, n'ont presque jamais de domicile certain ; ces expressions s'appliquent d'une manière générale à tout débiteur qui habite hors de la commune, c'est-à-dire celui qui, n'ayant ni domicile ni habitation dans la commune du créancier, ne se trouve sur son territoire qu'accidentellement, quelle que soit, du reste, la profession de ce débiteur.

L'étranger, non domicilié en France et qui n'y possède ni immeubles, ni établissements, doit être considéré comme débiteur forain, et peut, dès lors, être soumis à la saisie prévue par l'art. 822 du code de procédure.

469. — L'article 822 permet d'autoriser la saisie-foraine, même lorsqu'il n'y a pas de titre de la créance. S'il existait un titre, le créancier pourrait agir par voie de saisie-exécution ; ce qui le dispenserait de faire valider ensuite la saisie par jugement. Mais, dans ce cas, la saisie-exécution aurait cet inconvénient que le commandement dont elle est nécessairement précédée, pourrait donner l'éveil au débiteur et le décider à quitter immédiatement la commune.

470. — Nous ne donnons pas de formule de la vente sur saisie-foraine ; celle pour la vente par suite de saisie-exécution est entièrement applicable à la vente sur saisie-foraine ; il n'y a, dans le réquisitoire, qu'à énoncer toutes les pièces relatives aux formalités qui ont dû précéder la vente, et, notamment, le jugement qui a validé la saisie.

CHAPITRE XXI

—

DE LA VENTE SUR SAISIE-BRANDON

471. — La saisie-brandon (1) est l'acte par lequel un créancier fait mettre sous la main de la justice les fruits pendants par racines, appartenant à son débiteur, afin qu'ils soient conservés jusqu'à la maturité, pour être vendus ensuite, et le prix distribué aux créanciers.

472. — La saisie-brandon ne peut avoir lieu que pour fruits encore pendants par. racines (2); s'ils étaient détachés du sol, on devrait procéder par voie de saisie-exécution.

---

(1) Cette dénomination de *saisie-brandon* vient de ce que, dans certains pays, il était d'usage de placer sur le champ saisi, des faisceaux de paille appelés *brandons*, suspendus à des pieux fichés en terre. Le code n'a pas maintenu cet usage, et par conséquent on n'est plus tenu de le suivre.

(2) Par *fruits pendants par racines*, on entend tous ceux qui sont susceptibles d'être récoltés, comme les blés, les foins; les légumes, les divers fruits des arbres, non encore recueillis, quant aux bois taillis et les bois de hante futaie, s'ils étaient saisis séparément du sol, ce ne pourrait être également que selon les règles de la saisie-brandon.

On peut saisir-brandonner des récoltes sur un usufruitier; mais le décès de celui-ci avant la coupe de
ces récoltes a pour effet d'annuler la saisie; c'est ce
qui résulte de l'article 583 du code civil ;

Les récoltes provenant de biens de mineurs, dont le
débiteur a la jouissance légale, aux termes de l'article
384 du code civil, peuvent également être saisies pour
dettes de ce dernier, sauf, pour les enfants, le droit de
demander distraction de provisions suffisantes pour
l'accomplissement des charges auxquelles l'article 385 a
subordonné l'usufruit.

473. — Le saisissant doit faire toutes les avances
nécessaires pour la culture, sauf à les comprendre parmi
les frais.

474. — La saisie-brandon ne pourra être faite que
dans les six semaines qui précéderont l'époque ordinaire
de la maturité des fruits, et elle sera précédée d'un
commandement avec un jour d'intervalle ;

Ces mots, *ne pourra*, de l'article 626 du code de
procédure emportent prohibition absolue de saisir-
brandonner six semaines avant l'époque ordinaire de la
maturité des fruits. La saisie antérieure à cette époque
devrait donc être déclarée nulle, quoique la loi ne
prononce pas pour ce cas textuellement la nullité.

475. — Le procès-verbal de saisie contiendra l'indication de chaque pièce, sa contenance et sa situation ;
deux au moins de ses tenants et aboutissants, et la
nature des fruits.

Le garde-champêtre sera établi gardien, à moins qu'il ne soit compris dans l'exclusion portée par l'article 598; s'il n'est présent, la saisie lui sera signifiée; il sera aussi laissé copie au maire de la commune de la situation, et l'original sera visé par lui. Si les communes sur lesquelles les biens sont situés sont contiguës et voisines, il sera établi un seul gardien, autre néanmoins qu'un-garde champêtre ; le visa sera donné par le maire de la commune du chef-lieu de l'exploitation, et s'il n'y en a pas, par le maire de la commune où est situé la majeure partie des biens.

476. — La vente sera annoncée par placards affichés, huitaine au moins avant la vente, à la porte du saisi, à celle de la maison de la commune; et s'il n'y en a pas, au lieu où s'apposent les actes de l'autorité publique; au principal marché du lieu, et, s'il n'y en a pas, au marché le plus voisin, et à la porte de l'auditoire de la justice de paix.

La huitaine, qui doit s'écouler entre l'apposition des placards et la vente, est franche.

477. — Les placards désigneront les jours, heure et lieu de la vente ; les noms et demeures du saisi et du saisissant; la quantité d'hectares et la nature de chaque espèce de fruits, la commune où ils sont situés, sans autre désignation.

L'apposition des placards sera constatée, ainsi qu'il est dit au titre des saisies-exécution.

478. — La vente sera faite un jour de dimanche ou de marché. Elle pourra être faite sur les lieux, ou sur la

place de la commune où est située la majeure partie des objets saisis. La vente pourra aussi être faite sur le marché du lieu, et s'il n'y en a pas, sur le marché le plus voisin.

Seront, au surplus, observées les formalités prescrites aux titres des saisies-exécutions.

479. — Le choix des jours et des lieux de la vente est tout à fait abandonné à l'arbitraire du saisissant.

Ainsi que le dit le code de procédure, la vente est faite comme en matière de saisie-exécution. Cependant, nous ferons observer qu'au cas spécial de la saisie-brandon, s'il ne se présente pas d'acquéreurs, le saisissant peut se faire autoriser, par un jugement sur requête, à récolter lui-même et à vendre la récolte (1).

480. — Lorsqu'après une tentative infructueuse de vente publique aux enchères de fruits pendants par racines, ayant fait l'objet d'une saisie-brandon, la vente est remise à un autre jour, il n'y a pas lieu de renouveler les formalités de publicité prescrites par l'article 629 du code de procédure, bien que le saisi mis en demeure d'assister à la vente ne se soit pas présenté (2).

481. — Si les grains saisis se trouvent en état d'être coupés avant qu'on puisse en faire la vente, le saisis-

---

(1) On consultera, au surplus, sur toutes ces questions, les articles 627 à 635 du code de procédure.

(2) En ce sens un arrêt de Montpellier du 17 juin 1874, recueilli dans le *Journal des Commissaires-Priseurs*, 1874, p. 159.

sant doit appeler le saisi en référé devant le président du tribunal civil, pour être autorisé à faire récolter lui-même et à engranger par compte et nombre, en présence du saisi où lui dûment appelé.

482. — La vente forcée des fruits et récoltes appartient exclusivement aux commissaires-priseurs, au chef-lieu de leur résidence, et, de concurrence, partout ailleurs, aux commissaires-priseurs, aux notaires, aux greffiers de justices de paix et aux huissiers; les articles 625 et 634 du code de procédude civile interdisent tout doute sur ce point (1).

483. — Quant aux ventes volontaires des fruits et récoltes pendants par racines et des objets adhérents au sol, vendus pour en être détaché, la cour de cassation et certains auteurs ont lontemps attribué ces ventes aux notaires seuls; mais depuis la loi du 5 juin 1851, le doute n'est plus possible. « Les ventes publiques volontaires, soit à terme, soit au comptant, de fruits et de récoltes pendants par racines et des coupes de bois taillis, porte l'article 1ᵉʳ de loi, seront faites en concurrence et aux choix des parties par les notaires, commissaires-priseurs, huissiers et greffiers de justice de paix,

---

(1) Voir un arrêt de Rouen du 16 juillet 1882 *(Journal des Commissaires-priseurs*, 1883, p. 58), à propos d'une vente de récoltes sur pied dépendant d'une succession. Consulter également une note (*Idem*, 1883, p. 94), à propos d'une vente de récoltes sur saisie-convertie volontaire.

même dans le lieu de la résidence des commissaires-
priseurs (1). »

Formule d'une vente par suite de saisie-brandon.

Après le réquisitoire signé par l'huissier, et dans
l'intitulé du procès-verbal, on doit insérer les clauses
et charges de la vente; cela se fait ainsi :

*Avant de procéder à l'adjudication des lots, nous avons
annoncé aux assistants que la présente vente aurait lieu
aux conditions suivantes :*

*1° De payer les frais de saisie, garde et vente de fruit
dans le délai de...*

2° De payer le prix comptant, ou *de le consigner* ou
*donner caution ou hypothèque avant de commencer la
récolte.*

*3° Que, faute par l'adjudicataire de satisfaire aux
clauses dans le délai de..., ce délai expiré, sans sommation
ni jugement, il serait procédé à la revente à sa folle-enchère, sans préjudice d'autres poursuites contre lui.*

On peut annoncer ces conditions avant de commencer l'adjudication, ou les énoncer partiellement à chaque
lot mis en vente.

Il est bien, lorsque cela est possible, de prendre la
signature de l'adjudicataire.

Et a ledit sieur... signé en pareil endroit, après avoir

---

(1) Voir Le Hir, *Commentaire de la loi du 5 juillet* 1851 sur les
ventes publiques volontaires de fruits et récoltes pendants par
racines et coupes de bois taillis ; Paris, 1851, vol. in-8°. (Epuisé).
Prix, 5 fr.

déclaré qu'il avait parfaitement connaissance des charges de son adjudication, et consentait à s'y soumettre, le tout après lecture.

Il est bon de faire signer l'adjudicataire à la fin du procès-verbal de vente.

CHAPITRE XXII

DE LA VENTE PAR SUITE DE SÉPARATION DE BIENS OU D'INTERDICTION

484. — La séparation de biens ne peut être poursuivie qu'en justice, par la femme dont la dot est mise en péril, et lorsque le désordre des affaires du mari donne lieu de craindre que les biens de celui-ci ne soient pas suffisants pour remplir les droits et reprises de la femme. Toute séparation volontaire est nulle.

La séparation de biens, quoique prononcée en justice, est nulle si elle n'a pas été exécutée par le paiement réel des droits et reprises de la femme, effectué par acte authentique, jusqu'à concurrence des biens du mari, ou au moins par des poursuites commencées dans la quinzaine qui a suivi le jugement, et non interrompues depuis.

Toute séparation de biens doit, avant son exécution, être rendue publique par l'affiche sur un tableau à ce destiné dans la principale salle du tribunal de première instance, et de plus, si le mari est marchand, banquier ou commerçant, dans celle du tribunal de commerce du lieu de son domicile, et ce à peine de nullité de l'exécution.

Pour se conformer aux articles 1443 et suivants du code civil, on est souvent obligé de faire procéder à la vente du mobilier du mari; en effet, la vente est un des moyens d'arriver au paiement réel des droits de la femme d'une manière authentique, ainsi que le veut l'art. 1444.

485. — Le code de commerce a apporté, en cas de faillite du mari, quelques modifications aux droits de la femme, qu'il importe de connaître. Ainsi aux termes de l'art. 559, sous quelque régime qu'ait été formé le contrat de mariage, hors le cas prévu par l'article précédent (déclaration d'emploi des deniers de la femme, provenant de successions ou donations, dûment constaté), la présomption légale, et que les biens acquis par la femme du failli appartiennent à son mari, ont été payés de ses deniers, et doivent être réunis à la masse de son effectif, sauf à la femme à fournir la preuve du contraire.

Aux termes de l'art. 560, la femme pourra reprendre en nature les effets mobiliers qu'elle s'est constitués par contrat de mariage, ou qui lui sont advenus par succession, donation entre-vifs ou testamentaire, et qui ne seront pas entrés en communauté, toutes les fois que l'identité en sera prouvée par inventaire ou tout autre acte authentique. — A défaut, par la femme, de faire cette preuve, tout les effets mobiliers, tant à l'usage du mari qu'à celui de la femme, sous quelque régime qu'ait été contracté le mariage, seront acquis aux créanciers, sauf aux syndics à lui remettre, avec l'auto-

risation du juge-commissaire, les hardes et linge nécessaires à son usage.

486. — Le commissaire-priseur, chargé de vendre
des meubles et objets mobiliers par suite d'un jugement de séparation de biens, doit donc, en cas de faillite du mari, s'informer de l'origine du mobilier à
vendre, et dans tous les cas, acquérir la certitude, par
les certificats qu'on est tenu de lui représenter, que
l'affiche du jugement a été placée au tribunal de première instance et au tribunal de commerce si le mari
est marchand, et de plus, même dans tous les cas, à la
chambre des notaires ; autrement la vente serait nulle,
l'art. 1445 du code civil le dit positivement.

487. — La vente mobilière par suite de séparation
de biens doit être faite comme celle par autorité de
justice nous n'en donnons pas la formule, puisqu'elle
ne diffère en rien de la formule ordinaire. Il faut,
comme nous l'avons dit, que dansle réquisitoire soient
énoncées toutes les pièces en vertu desquelles on agit,
et, notamment, le certificat constatant l'affiche voulue
par l'article 1445 du code civil.

488. — Ordinairement la femme se rend adjudicataire d'une grande partie ou de la totatilé du mobilier ; dans ce cas, le bordereau d'adjudication lui est
donné pour comptant dans la clôture même du procès-
verbal de vente, pour éviter que des oppositions survenues avant l'arrêté de compte, ne laissent le commissaire-priseur responsable de ces crédits à l'égard
des créanciers.

489. — L'interdit est assimilé au mineur, pour sa personne et pour ses biens; les lois sur la tutelle des mineurs s'appliqueront à la tutelle des interdits; dès lors, les formalités pour vendre les biens des interdits, lorsque ces biens doivent être vendus, sont les mêmes que pour la vente des biens des mineurs.

L'officier vendeur devra, en sus des mentions diverses indiquées dans la formule du procès-verbal de vente, dire par quel jugement ou par quel arrêt l'interdiction a été prononcée, et si le jugement ou l'arrêt a été affiché.

490. — Outre les dispositions des art. 409 et suiv. du code civil sur les formalités de l'interdition, sur la nomination du tuteur et du subrogé-tuteur de l'interdit et sur ses droits, il existe une loi du 6 juillet 1838, relative aux aliénés, dont l'article 31 porte ce qui suit : « les commissions administratives ou de surveillance des hospices ou établissements publics d'aliénés exerceront à l'égard des personnes non interdites, qui y seront placées, les fonctions d'administrateurs provisoires. Elles désigneront un de leurs membres pour les remplir, l'administrateur ainsi désigné procédera au recouvrement des sommes dues à la personne placée dans l'établissement et à l'acquittement de ses dettes ; passera des baux qui ne pourront excéder trois ans, et pourra même, en vertu d'une autorisation spéciale accordée par le président du tribunal civil, faire vendre le mobilier. — Les sommes provenant, soit de la vente, soit des autres recouvrements, seront versées directement dans la caisse de l'établissement, et seront employées, s'il y a lieu, au profit de la personne placée dans l'établissement. »

CHAPITRE XXIII

—

DE QUELQUES VENTES SPÉCIALES

1° Vente d'objets donnés en nantissement.

491. — D'après l'art. 2078 du code civil, le créancier qui a reçu un objet mobilier en nantissement, ne peut, à défaut de paiement, disposer du gage ; sauf à lui à faire ordonner en justice que ce gage lui demeurera en paiement et jusqu'à due-concurrence, d'après une estimation faite par experts, ou qu'il sera vendu aux enchères. — Toute clause qui autoriserait le créancier à s'approprier le gage ou en disposer sans les formalités ci-dessus, est nulle.

492. — Si la vente doit être faite aux enchères, le commissaise-priseur l'a fait à la requête du créancier poursuivant, et en énonçant dans le procès-verbal le jugement qui l'a ordonnée.

493. — C'est en vertu des mêmes principes et aussi

en vertu des décrets et des dispositions spéciales sur les Monts-de-Piété que les objets déposés dans les Monts-de-Piété ne peuvent être vendus qu'aux enchères publiques.

2° *Vente après saisie par l'administration des contributions directes.*

494. — Huit jonrs seulement après la clôture du procès-verbal de saisie à la requête de l'administration des contributions directes, il peut être procédé à la vente des meubles et effets saisis, et des fruits pen_ dants par racines (1).

Le délai de huit jours doit être franc; du reste, la détermination d'un délai doit être entendue en ce sens que si elle ne permet pas de faire la vente avant huit jours, elle ne commande pas non plus d'y procéder immédiatement après l'expiration du délai. Il y a des cas, par exemple, où se trouve prolongé par suite des dispositions de la loi, notamment dans le cas de l'art. 620 du code de précédure civile : saisie de barques, chaloupes, etc. ; ou quand il s'agit de la vente de vaisselle d'argent ou de bijoux de la valeur de trois cent francs au moins.

Néanmoins le délai de huit jours peut être abrégé, non seulement avec l'autorisation du sous-préfet, lorsqu'il y a lieu de craindre le dépérissement des objets

---

(1) Consulter sur ces sortes de ventes un règlement du 21 décembre 1839, art. 80 et suivants, ainsi que l'ouvrage de M. Durieu sur les poursuites en matière de contributions directes.

saisis, mais aussi avec l'autorisation du juge. Cette autorisation doit être demandée par requête présentée au président du tribunal civil.

495. — Aucune vente ne peut s'effectuer qu'en vertu d'une autorisation spéciale du sous-préfet, accordée sur la demande expresse du percepteur, par l'intermédiaire du receveur particulier. — L'avis du receveur particulier et l'autorisation du sous-préfet seront placés à la suite de la demande du percepteur.

496. — Les ventes de meubles sont faites par les commissaires-priseurs, dans les villes où ils sont établis; toutes autres ventes sont faites par les porteurs de contraintes, dans les formes usitées pour celles qui ont lieu par autorité de justice.

Le porteur de contraintes doit être assisté de deux témoins sachant signer et domiciliés dans la commune où se fait la vente.

497. — Si la vente ne pouvait avoir lieu parce que l'objet est complétement avarié, le porteur de contraintes ferait constater l'avarie, et il serait fait mention au procès-verbal de la cause qui empêche la vente, sauf recours contre le gardien, si l'avarie provient de sa négligence.

498. — La vente doit avoir lieu dans la commune où s'opère la saisie. Mais le maire peut ordonner qu'elle ait lieu au marché le plus voisin, ou dans tout autre, jugé plus avantageux. Les frais de transport de meubles et objets saisis sont réglés par le sous-préfet.

Si le maire pense que la vente doit être faite au marché le plus voisin, le commissaire-priseur ou le porteur de contraintes y procéde d'après la règle générale posée dans l'art. 647 du code de procédure. Si, au contraire, le maire a indiqué soit la maison du saisi, soit tel ou tel endroit, autre que le marché voisin, le percepteur se pourvoit devant le tribunal civil de l'arrondissement, par simple requête, pour obtenir la permission de procéder à la vente sur le point indiquer.

499. — Les porteurs de contraintes et les percepteurs ne peuvent se rendre adjudicataires des objets vendus en conséquence des poursuites faites ou rédigées par eux, sous peine de destitution.

500. — Dès que le produit de la vente est suffisant pour solder le montant des contributions dues et des frais de poursuites, les porteurs de contraintes et commissaires-priseurs sont tenus sous leur responsabilité personnelle, de discontiner la vente.

501. — Le percepteur doit être présent à la vente ou s'y faire représenter pour en recevoir les deniers; il est responsable desdits deniers.

L'absence du percepteur ou d'un représentant ne serait pas une cause de nullité; toutefois, elle pourrait présenter de sérieux inconvénients, et si elle se reproduisait souvent chez un percepteur, elle pourrait l'exposer au blâme mérité de ses supérieurs.

502. — Immédiatement après après avoir reçu le

produit de la vente, le percepteur émarge les rôles jusqu'à concurrence des sommes dues par le saisi, et lui
délivre quittance à souche.

503. — Le percepteur conserve entre ses mains le
surplus du prcduit de la vente, s'il y en a, jusqu'après
la taxe des frais, et délivre au contribuable une reconnaissance portant obligation de lui rendre compte, et
de lui restituer l'excédant, s'il y a lieu ; ce compte est
rendu à la réception de l'état des frais régulièrement
taxés, inscrit à la suite du procès-verbal de vente, et
signé contradictoirement par le contribuable, et le percepteur.

A défaut par le contribuable de savoir signer, il faudrait distinguer, conformément à l'art. 738 de l'instruction générale du ministre des finances du 15 décembre 1826, suivant la quotité de la somme à restituer ;
— si cette somme n'excédait pas 150 fr., le percepteur
pourrait en effectuer le paiement, en présence de deux
témoins qui signeraient avec lui, au bas du compte, la
déclaration du contribuable qu'il ne sait ou ne peut
signer. Mais si la somme dépassait ce chiffre, il faudrait
nécessairement recourir à un acte notarié, aux frais du
contribuable.

504. — En cas d'opposition à la délivrancee des
deniers, le porteur de contraintes ou le commissaire-
priseur doit consigner les deniers à la caisse des consignations, conformément aux art. 657 et suiv., du code
de procédure s'ils ne sont pas affectés au privilége du
Trésor ; mais si le Trésor a un privilége, le percepteur

peut exiger le versement immédiat à sa caisse des sommes dues au Trésor (1).

505. — S'il s'agit de prononcer sur une demande en revendication des objets saisis sur un contribuable en retard de payer ses impôts, le tribunal civil du lieu de la saisie est seul compétent, à l'exclusion de la justice administrative.

506. — Toute vente faite contrairement aux formalités prescites par les lois, donne lieu à des poursuites contre ceux qui y ont procédé, et les frais faits restent à leur charge.

507. — En ce qui concerne les frais de poursuite par voie de saisie et de vente, ils sont réglés par un

---

(1) Le privilège du trésor public pour le recouvrement des con tributions directes est réglé par une loi du 12 novembre 1808, ainsi qu'il suit :

1° Pour la contribution foncière de l'année échue et de l'année courante, sur les récoltes, fruits, loyers et revenus des biens immeubles sujets à la contribution.

2° Pour l'année échue et l'année courante des contributious mobilières des portes et fenêtres, des patentes et toutes autres contributions directes et personnelles, sur tous meubles et autres effets mobiliers appartenant au redevables, en quelque lieu qu'ils se trouvent.

Lorsque dans le cas de saisie de meubles et effets mobiliers pour le paiement des contributions, il s'élévera une demande en revendication de tout ou partie desdits meubles ou effets, elle ne pourra être portée devant les tribunaux ordinaires qu'après avoir été soumise par l'une des parties intéressées à l'autorité administratives aux termes de loi du 5 novembre 1790.

tarif annexé au règlement du 20 décembre 1839, article 86.

Il résulte d'un avis du conseil d'Etat, du 18 août 1838, que les frais et honoraires réclamés par les commissaires-priseurs pour les ventes par eux faites des meubles des contribuables en retard, doivent être taxés par les tribunaux d'après les règlements faits par les préfets et approuvés par le gouvernement (1).

3° *Vente d'objets saisis par l'administration des contributions indirectes.*

508. — Si la saisie opérée par l'administration des contributions indirectes est jugée bonne, et qu'il n'y ait pas appel dans la huitaine de la signification, le neuvième jour, le préposé du bureau indique la vente des objets confisqués, par une affiche signée de lui, et apposée tant à la porte de la maison commune qu'à celle de l'auditoire du juge de paix, et il procède à la vente publique cinq jours après (décret, 1ᵉʳ germinal an XIII, article 33).

4° *Vente d'objets saisis par l'administration de l'octroi.*

509. — Les objets saisis par suite de contravention aux règlements d'octroi sont déposés au bureau le plus voisin. Si la partie saisie ne se présente pas dans les

---

(1) Voir à ce sujet une lettre du ministre des finances publiée dans le *Journal des Commissaires-Priseurs*, 1849, p. 285, et une note de M. Le Hir, *idem*, 1861, p. 85.

dix jours à l'effet de payer la quotité de l'amende par elle encourue, ou si elle ne forme pas, dans le même délai, opposition à la vente, la vente desdits objets est faite par le receveur, cinq jours après l'apposition à la porte de la maison commune, et autres lieux accoutumés, d'une affiche signée de lui et sans aucune autre formalité. (Ordonnance, 9 décembre 1814, article 79.)

Néanmoins, si la vente des objets saisis est retardée, l'opposition peut être formée jusqu'au jour indiqué pour la vente. L'opposition est motivée et contient assignation, à jour fixe, devant le tribunal de police correctionnelle, avec élection de domicile dans le lieu où siége le tribunal. Le délai de l'échéance de l'assignation ne peut excéder trois jours.

510. — Dans les cas où les objets saisis sont sujets à dépérissement, la vente peut en être autorisée avant les délais ci-dessus fixés, par une simple ordonnance du juge du paix, rendu sur requête.

5° *Vente d'objets saisis par l'administration de la douane.*

511. — Les objets saisis par l'administration des douanes qui auront été confisqués, suivant jugement, seront vendus publiquement. (Loi du 14 fructidor an III, article 8).

Le préposé du bureau indiquera la vente par une affiche signée de lui et apposée tant à la porte du bureau qu'à celle de l'auditoire du juge de paix, et procédera à la vente cinq jours après.

Le préposé n'est pas tenu de faire la déclaration préalable au bureau de l'enregistrement.

512. — Les affiches pour vente de marchandises saisies et confisquées sont exemptes de timbre. Mais les procès-verbaux de vente doivent être enregistrés dans les quatre jours, au droit de 2 p. 0/0 sur le produit de la vente, droit qui est à la charge des adjudicataires.

513. — Si la consommation des marchandises confisquées n'est pas permise en France, la vente n'en peut être faite que dans un port de mer et sous la condition expresse de la réexportation. (Ordonnance, 8 mai 1816, article 12).

514. — Le décret du 18 septembre 1811 veut que, dans le cas de saisie des moyens de transport ou bien d'objets qui ne pourraient être conservés sans courir le risque d'être détériorés, il soit procédé à la vente aux enchères de ces objets sur la permission du juge de paix le plus voisin, dans la huitaine de la date du procès-verbal.

6° *Vente d'objets délaissés dans les établissements de roulage et de messageries.*

515. — Les ballots, caisses, malles, paquets et tous autres objets remis à des entrepreneurs, soit de roulage, soit de messageries par terre ou par eau, lorsqu'ils n'auront pas été réclamés dans le délai de six mois, à

compter du jour de l'arrivée au lieu de leur destination, seront vendus par voie d'enchère publique, à la diligence de la régie de l'enregistrement, conformément à un décret du 13 août 1810, et après l'accomplissement des formalités suivantes :

A l'expiration du délai qui vient d'être fixé, les entrepreneurs de messageries et de roulage devront faire aux préposés de la régie de l'enregistrement la . déclaration des objets qui se trouveront dans le cas de l'article précédent.

Il sera procédé, par le juge de paix, en présence des préposés de la régie de l'enregistrement et des entrepreneurs de messageries ou de roulage, à l'ouverture et à l'inventaire des ballots, malles, caisses et paquets.

Les préposés de la régie de l'enregistrement seront tenus de faire insérer dans les journaux, un mois avant la vente des objets non réclamés, une note indiquant le jour et l'heure fixés pour cette vente, et contenant, en outre, les détails propres à ménager aux propriétaires de ces objets la faculté de les reconnaître et de les réclamer.

Il sera fait un état séparé du produit de ces ventes, pour le cas où il surviendrait, dans un nouveau délai de deux ans à compter du jour de la vente, quelque réclamation susceptible d'être accueillie.

Les préposés de la régie de l'enregistrement, et ceux de la régie des droits réunis, sont autorisés, tant pour s'assurer de la sincérité des déclarations ci-dessus prescrites que pour y suppléer, à vérifier les registres qui doivent être tenus par les entrepreneurs de messageries ou de roulage.

7° Vente de bestiaux laissés par les gardes-forestiers, et du poisson saisi pour contravention aux lois de la pêche fluviale.

516.—Dans le cas de saisie des bestiaux, instruments de labour, voitures et attelages par les gardes forestiers, les juges de paix peuvent donner main-levée provisoire des objets saisis, à la charge du paiement des frais de séquestre, et moyennant une bonne et valable caution. — En cas de contestation sur la solvabilité de la caution, il est statué par le juge de paix. (Code forestier, article 168).

Si les bestiaux saisi ne sont pas réclamés dans les cinq jours qui suivent le séquestre, ou s'il n'est pas fourni bonne et valable caution, le juge de paix en ordonne la vente à l'enchère au marché le plus voisin. Il est procédé à la diligence du receveur des domaines qui la fait publier vingt-quatre heures d'avance. — Les frais de séquestre et de vente sont taxés par le juge de paix, et prélevés sur le produit de la vente; le surplus reste déposé entre les mains du receveur des domaines jusqu'à ce qu'il ait été statué en dernier ressort sur le procès-verbal. — Si la réclamation n'a lieu qu'après la vente des bestiaux saisis, le propriétaire n'a droit qu'à la restitution du produit net de la vente, tous frais déduits, dans le cas où cette restitution est ordonnée par le jugement. (Code forestier article 169.)

517. — Le poisson saisi pour cause de délit est vendu sans délai dans la commune la plus voisine du lieu de

la saisie, à son de trompe et aux enchères publiques, en
vertu de l'ordonnance du juge de paix ou de ses
suppléants, et la vente a lieu au chef-lieu du canton,
par-devant le maire ou l'adjoint, soit de la commune de
leur résidence, soit de celle où le délit a été commis ou
constaté, le tout sous peine de nullité. Ces ordonnances
ou autorisations sont délivrées sur le rapport des agents
ou gardiens qui ont opéré la saisie, et sur la présentation du procès-verbal régulièrement dressé et affirmé
par eux. Dans tous les cas, la vente a lieu en présence
du receveur des domaines où, à défaut, du maire ou
adjoint de la commune, ou du commissaire de police. (Loi
du 15 avril 1829 sur la pêche fluviale, article 42.)

8° *Vente d'objets naufragés.*

518. — Dans tous les cas de bris ou de naufrage, il
en sera donné avis de suite au chef des classes le plus
prochain et au juge de paix du canton, qui, avec le
greffier du tribunal de paix, seront tenus de se transporter sur les lieux, et d'y pourvoir au sauvement des
navires et effets, dont ils rapporteront état et procès-
verbal. (Décret relatif à la police de la navigation et des
ports de commerce des 9-13 août 1791, titre 1ᵉʳ,
article 5.)

Le juge de paix pourra faire vendre, de suite, sur la
réquisition du chef des classes, les effets qui ne seront
pas susceptibles d'être conservés, et, s'il ne se présente
pas de réclamation dans le mois, il procédera, en présence du même chef, à la vente des marchandises les
plus périssables ; et sur les deniers en provenant, seront

payés les salaires des ouvriers, suivant le règlement qu'il en aura fait provisoirement et sans frais.

En cas de contestation ou de refus d'exécuter le règlement, de la part de quelqu'une des parties intéressées, il sera porté, pour servir d'instruction seulement, au tribunal de commerce, qui procédera de nouveau au règlement contesté.

Les objets sauvés après naufrage, sont transportés dans des magasins qui ne peuvent jamais être ceux appartenant à l'officier maritime ou à son secrétaire. ni communiquer avec les maisons qu'ils habitent.

L'officier d'administration de la marine nommé d'office un gardien bon et solvable des effets et marchandises sauvés du naufrage et échouement.

Le produit de la vente des objets naufragés après paiement des frais de sauvetage et autres, est dé posé à la caisse des invalides de la marine sauf réclamation par qui de droit.

Les propriétaires des effets naufragés ont un an et un jour pour réclamer ; à défaut de quoi l'excédant du produit de la vente, après le paiement de tous les frais, appartient au domaine.

519. — L'article 64 de la loi du 21 avril 1818, sur les douanes, porte que les actes et procès-verbaux constatant les ventes de navires soit totales soit partielles, ne seront assujetties qu'au droit fixe d'un franc.

On avait prétendu que cette loi était spéciale aux douanes mais deux décisions ministérielles, en date du 2 mars 1821, ont déclaré positivement, la première, que désormais les ventes de navires, soit totales soit partielles, ne seraient assujetties qu'au droit fixe d'un franc, que ces ventes eussent lieux à la requête d'une administration quelconque où qu'elles fussent faites à la requête des propriétaires eux-mêmes des navires, dans leur intérêt privé; la seconde, que les naufrages étant des événements désastreux qui méritent toute la sollicitude du législateur, la faveur de l'enregistremeat au droit fixe serait aussi, désormais, étendue aux ventes des débris des navires naufragés.

Cependant, par arrêt de la chambre civile de la dour de cassation du 31 mars 1847, il a été jugé que si d'après l'art. 64 de la loi du 21 avril 1818, les ventes de navires, soit totales, soit partielles, ne sont passibles à l'enregistrement que du droit fixe de un franc, cette disposition tout exceptionnelle ne sauraient être appliquée aux débris de navires que pour la première vente faite dans l'intérêt des propriétaires, et nullement aux ventes subséquentes de ces mêmes objets faites par l'acheteur ou les acheteurs successifs, lesquelles ventes rentrent dès lors dans le commerce ordinaire et sous l'empire du droit commun, c'est-à-dire, de la loi du 22 frimaire an VII qui assujettit au droit proportionnel de 2 p. 0/0 toute vente d'objets mobiliers.

CHAPITRE XXIV

—

DE LA VENTE APRÈS FAILLITE

520. — On sait, qu'aux termes de l'article 484 du code de commerce l'inventaire des objets de la faillite terminé les marchandises, l'argent, les titres actifs, les livres et papiers, meubles et effets du débiteur, sont remis aux syndics, qui s'en chargent au bas dudit inventaire. C'est alors que le juge-commissaire peut, le failli entendu ou dûment appelé, autoriser les syndics à procéder à la vente des effets mobiliers ou marchandises. — Il décide si la vente se fera soit à l'amiable, soit aux enchères publiques, par l'entremise des courtiers ou de tous autres officiers publics préposés à cet effet (1). Les syndics choisissent dans la classe d'officiers

____

(1) Le juge-commissaire de la faillite a tous pouvoirs à ce sujet; rien ne l'empêche donc d'ordonner d'abord la vente aux enchères, par devant notaire, du fonds de commerce du failli avec la clientèle, l'achalandage et le droit au bail; et, à défaut d'enchères sur cette vente d'ensemble, d'ordonner ensuite la vente séparée du matériel et des marchandises en détail, par le ministère du commissaire-priseur. (Paris, 30 décembre 1873, *Journal des Commissaires-priseurs*, 1874, p. 137.)

publics déterminée par le juge-commissaire, celui dont ils veulent employer le ministère. (Art. 486 du code de commerce.)

Cette disposition du code de commerce se trouve répétée dans l'article 4 de la loi du 25 juin 1841 sur les ventes publiques des marchandises neuves, ainsi conçu : « Les ventes de marchandises après faillite seront faites conformément à l'article 486 du code de commerce, par un officier public de la classe que le juge-commissaires aura déterminé. — Quant au mobilier du failli, il ne pourra être vendu aux enchères que par le ministère des commissaires-priseurs, huissiers ou greffiers des justices de paix, conformément aux lois et règlements qui déterminent les attributions de ces différents officiers. »

Ainsi plus de doute aujourd'hui sur la compétence des différents officiers vendeurs à l'égard des biens du failli : S'il s'agit de la vente des marchandises du commerçant failli, le juge-commissaire de la faillite peut désigner un courtier ou un autre officier; mais s'il s'agit de la vente des meubles et effets mobiliers du failli, les commissaires-priseurs, huissiers, greffiers de justices de paix et notaires, sont seuls compétents à l'exclusion des courtiers.

Remarquons d'ailleurs que, dans l'un et l'autre cas, un jugement d'autorisation préalable n'est pas exigé, et que le juge-commissaire a seulement le droit de désigner la classe des officiers publics qui devra procéder à la vente, la désignation de l'officier lui-même appartenant au syndic.

521. — Le pouvoir conféré au juge-commissaire

d'autoriser les syndics à procéder à la vente des effets mobiliers et des marchandises, s'étend à la vente du droit au bail des lieux où s'exerçait le commerce du failli (1). Il semble que le syndic pourrait aussi, dès lors, faire vendre le même droit au bail avec les marchandises et ustensiles par la classe d'officiers vendeurs que le juge-commissaire aurait désignée. Cependant, le juge-commissaire est tenu de respecter, lorsqu'il fait ces désignations, les règles d'attributions des divers officiers vendeurs (2). Il ne pourrait donc désigner comme vendeurs d'un fonds de commerce les commissaires-priseurs, les huissiers ou les greffiers de justice de paix, que si le fonds de commerce et le droit au bail étaient l'accessoire, et les marchandises et ustensiles le principal.

522. — Le juge-commissaire de la faillite est seul compétent pour ordonner la vente des biens mobiliers du failli (3). Le juge des référés serait incompétent pour ordonner sur la demande du propriétaire, contre la volonté du syndic, la vente du fonds de commerce appartenant au locataire tombé en faillite. L'achalan-

---

(1) Paris, 23 juillet 1845, *Journal des Commissaires-priseurs*, 1847, p. 64.

(2) C'est ainsi que le juge-commissaire ne pourrait choisir un notaire pour procéder à la vente de fruits et récoltes après faillite, dans le lieu de la résidence d'un commissaire-priseur. (Tribunal de Tonnerre, 27 juillet 1876, *Journal des Commissaires-priseurs* 1876, p. 141.)

(3) Paris, 24 mai 1849. *Journal des Commissaires-priseurs*, 850, p. 330.

dage et le droit au bail n'étant pas soumis au privilège
du propriétaire, c'est au juge-commissaire de la faillite
d'en ordonner la vente sur la demande du syndic, et de
régler le mode et les conditions de cette vente dans
l'intérêt de la masse.

Le juge des référés ne peut, d'ailleurs, en aucun cas,
changer le mode de vente fixé par le juge-commissaire
de la faillite (1).

523. — Lorsque le juge-commissaire de la faillite
a décidé que la vente se fera aux enchères publiques,
toutes les formalités voulues par la loi doivent être ac-
complies. On peut suivre, quant au procès-verbal de
vente, la formule que nous avons donnée pour la vente
après décès, au lieu du décès l'on mentionnera la faillite, le jugement déclaratif, l'ordonnance du juge-commissaire qui autorise les syndics à vendre (laquelle
ordonnance doit être annexée au procès-verbal avec
mention). On dira que la vente se fait à la requête des
syndics, etc.

524. — L'article 489 du code de commerce porte :
Les deniers provenant des ventes et des recouvrements
seront, sous la déduction des sommes arbitrées par le
juge-commissaire, pour le montant des dépenses et
frais, versés immédiatement à la caisse des dépôts et
consignations. Dans les trois jours des recettes, il sera

---

(1) Voir deux arrêts de Paris des 5 janvier 1849 et 30 décembre
1873, dans le *Journal des Commissaires-priseurs*, 1850, p. 53 et
1874, p. 137.

justifié au juge-commissaire, desdits versements ; en cas de retard, les syndics devront les intérêts des sommes qu'ils n'auront point versées. — Les deniers versés par les syndics et tous autres consignés par des tiers, pour compte de la faillite, ne pourront être retirés qu'en vertu d'une ordonnance de juge-commissaire ; s'il existe des oppositions, les syndics devront préalablement en obtenir la main-levée. — Le juge-commissaire pourra ordonner que le versement sera fait par la caisse, directement entre les mains des créanciers de la faillite, sur un état de répartition dressé par les syndics et ordonnancé par lui.

525. — Le prix d'une vente publique de meubles, par suite de faillite, doit être remis au syndic de la faillite, par l'officier vendeur, et le syndic doit verser à la caisse des dépôts et consignations, non-seulement le prix de vente, mais encore le prix des objets achetés par lui à crédit à la vente, sauf à faire valoir son privilège dans la faillite pour ce qui lui est dû (1).

526. — Le bailleur qui a fait valider une saisie-gagerie des meubles de son locataire en faillite ne peut s'opposer à la vente requise par le syndic de la faillite, si la vente a lieu, en sa présence ou lui dûment appelé, dans la forme légale et si le prix en provenant reste affecté au privilège de bailleur et est déposé à cet effet à la caisse des consignations. De même, le bailleur ne

____

(1) En ce sens un arrêt de Riom, 31 mai 1859, *Journal des Commissaires-priseurs*, 1860, p. 10.

pourra, avant la vente, exiger la liquidation des droits éventuels auxquels l'inexécution ou la mauvaise exécution des clauses du bail peut donner lieu à son profit (1).

527. — Le commissaire-priseur chargé par un huissier de procéder à une vente publique de meubles saisis, peut continuer la vente lors même que des individus, sans mandat, viendraient lui annoncer que le saisi est déclaré en faillite; dès lors, s'il en est résulté un préjudice pour les créanciers, il n'en est point responsable. Il en serait autrement si le syndic avait formé opposition à la vente, ou s'il avait fait parvenir au commissaire-priseur ou à l'huissier un avis régulier de la faillite (2).

528. — Le droit d'enregistrement pour les ventes publiques de meubles est de 2 p. 0/0 ; loi du 22 frimaire an VII, article 69, n° 1. Une exception a été faite à cette règle, en faveur des ventes des effets et marchandises des faillis. L'article 12 de la loi du 24 mai 1834 porte : « Les ventes de meubles et marchandises qui seront faites conformément à l'article 492 du code de commerce (nouvel article 486), ne seront assujetties qu'au droit proportionnel de 50 c. par 100 fr. » Les applications faites par l'administration de l'enregistre-

---

(1) Voir un jugement du tribunal d'Abbeville, 20 juillet 1863, *Journal des Commissaires-priseurs*, 1864, p. 50.

(2) En ce sens un arrêt de Paris, 9 mai 1862, *Journal des Commissaires-priseurs*, 1862, p. 163.

ment de cette disposition l'ont, en général, étendue
plutôt que restreinte. Ainsi elle a décidé que la réduction
de droit est applicable aux ventes aux enchères publiques, comme aux ventes faites à l'amiable; aux ventes
d'effets et marchandises, faites par les commissaires-
priseurs, sans l'autorisation du juge et à la requête des
syndics, comme à celles qui ont lieu par l'entremise des
courtiers de commerce, et même à la vente de meubles
dépendant de l'actif de la faillite, vente faite par le failli
ou son représentant, dans l'acte même de concordat, en
présence et du consentement du juge-commissaire (1).

---

(1) Instruction du 17 novembre 1834, n° 1471); — Décision du
26 août 1845; — Instruction du 10 février 1836, n° 1504, § 9, et
1er juillet 1841, n° 1636; — Délibération du 6-13 novembre 1840.
(Jugement du tribunal civil de la Seine du 7 mai 1845, *Journal
des Commissaires-priseurs,* 1847, p. 29.

La vente des marchandises d'un failli, à la requête de ses
créanciers, après un concordat homologué, par lequel abandon de
tous les biens du failli a été fait à ses créanciers, est passible du
droit de 2 pour 100 (Jugements des tribunaux de Saint-Dié,
du 27 mars 1840, et d'Avranches, du 3 mars 1842; *Journal des
Commissaires-priseurs,* 1845, p. 155.)

CHAPITRE XXV

—

DE LA VENTE DES MARCHANDISES NEUVES

529. — Les lois des 15-28 mars 1790, 17 septembre 1793 et 12 fructidor an IV, avaient proclamé la liberté du commerce; par la loi du 2 mars 1791, (article 16), le marchand colporteur et le marchand forain avaient reçu le droit de porter partout leur industrie; l'intérêt des manufactures exigeait qu'on conservât un débouché aussi utile aux produits secondaires. Le consommateur n'est pas moins intéressé à ce que l'on maintienne ce moyen de faire concurrence au commerce sédentaire, là où il existe, et de le suppléer là où il ne s'est pas encore établi.

Mais le colportage peut exister indépendamment du droit de vendre aux enchères les marchandises neuves. Si la vente aux enchères est utile et nécessaire dans certains cas prévus par la loi, comme lorsqu'il s'agit de vendre les meubles des mineurs ou d'autres occasions semblables, il n'en est plus de même pour la vente des marchandises neuves :

« Ainsi que l'expérience ne l'a que trop prouvé,

disait M. Hébert (1), les ventes de marchandises à l'encan n'ont presque jamais été qu'un moyen de favoriser des spéculations aussi contraires à l'esprit du commerce que nuisibles à sa prospérité. Elles offrent par la rapidité avec laquelle se font l'enchère et l'adjudication, la facilitéde tromper le consommateur, qui, séduit par l'appât du bon marché, et privé du temps de réfléchir, paie souvent fort cher des marchandises de la plus mauvaise qualité. Par la réalisation presque immédiate du produit de la vente, elles donnent au marchand sur le point de faillir, un moyen trop commode de soustraire le gage de ses créanciers, elles procurent souvent l'écoulement de marchandises provenant encore d'une pire origine. Enfin par la masse d'objets qu'elles peuvent livrer instantanément à la consommation, dans une seule localité, elles interrompent brusquement les relations ordinaires du commerce de détail, et sacrifient ainsi à l'intérêt d'un seul, l'intérêt ¡de tous les commerçants qui ne veulent point sortir des voies honnêtes et régulières du commerce. »

530. — La loi du premier juillet 1841 sur la vente publique aux enchères des marchandises neuves doit son origine à une proposition faite dès 1838 par MM. Muret de Bord et Louis Lebeuf, députés.

Deux fois prise en considération par la Chambre des députés, sans opposition aucune, et même avec l'adhésion du gouvernement, cette proposition avait enfin

______

(1) Voir son rapport à la Chambre des députés sur le projet de loi général relatif à la prisée et aux ventes publiques de biens meubles. (*Moniteur* du 29 avril 1840.)

trouvé place dans le projet de loi, présenté le 5 févriei 1840, par M. Teste, garde des sceaux, sur les ventes judiciaires et publiques de biens meubles.

Un remarquable rapport de M. Hébert avait été déposé, sur ce projet de loi générale, dans la session de 1840; mais dès le commencement de la discussion, quelques difficultés survenues entre le gouvernement et la commission concernant les attributions des officiers vendeurs, firent retirer le projet de loi par le ministère.

Cependant la nécessité de faire disparaître les abus des ventes à cri public de marchandises neuves était devenue tellement impérieuse que le gouvernement s'empressa de substituer, au projet de loi qu'il retirait, un autre tout spécial, relatif à cette espèce de vente. « Les ventes aux enchères et en détail de marchandises neuves, disait M. Quesnault, rapporteur de la Chambre des députés, objet d'un négoce, sont une perturbation pour le commerce en même temps une source d'abus, de déceptions et de fraudes pour les marchands honnêtes, qui ne veulent point sortir des voies régulières ; » et M. le garde des Sceaux ajoutait ensuite dans la discussion à la Chambre des députés. « L'intérêt du commerce de détail n'est pas le seul que j'invoque, et je dirai que peut-être, à mes yeux, quelque respectable que soit ce genre de commerce, je le laisserais à l'écart, si en réalité, l'intérêt du consommateur était sauf. »

531. — L'article 1er de la loi du 25 juin 1841 porte : « Sont interdites les ventes en détail de marchandises

neuves, à cri public, soit aux enchères, soit au rabais, soit à prix fixe proclamé, avec ou sans l'assistance des officiers ministériels. »

Les diverses expressions employées par le législateur dans le premier article de la loi de 1841 appellent tout d'abord quelques explications.

532. — On désigne en général par le mot *marchandise* toutes les choses qui se vendent et se débitent, soit en gros, soit en détail, dans les magasins, boutiques, foires, marchés et autres lieux. Mais est-ce bien là la portée de la prohibition qui concerne les ventes publiques et en détail de marchandises neuves? Nous ne le pensons pas.

En effet, rappelons ici les paroles de M. Hébert : « Il ne saurait être à craindre que dans l'application on donne à ces expressions « *marchandises neuves* » une extension qu'elles ne comportent pas. Chacun devra comprendre que ce qui est défendu, c'est le commerce des marchandises neuves au moyen des enchères publiques ; c'est la vente de marchandises faisant l'objet d'un commerce, et non la vente de marchandises qui, bien qu'encore neuves, auraient cessé d'être dans le commerce, et se trouveraient faire partie, réellement et sans fraude, d'un mobilier vendu à l'encan. »

La même pensée a été reproduite à la Chambre des pairs dans l'exposé des motifs de la loi de 1841 : « Il ne faut pas se méprendre sur l'étendue de la prohibition, disait le ministre ; c'est dans l'intérêt du commerce qu'elle est établie, elle ne doit donc s'appliquer que dans la juste mesure de la protection dont le commerce a besoin. Son but est atteint en la restreignant aux

marchandises neuves. Mais les choses destinées à l'u-
sage personnel de celui qui en est propriétaire, quel
que soit l'état dans lequel elles se trouvent, alors même
que l'usage auquel elles doivent servir n'a pas commencé,
ne sont plus l'objet d'un commerce ; il est impossible
d'en empêcher la vente par la voie des enchères si celui
qui les possède veut employer ce moyen. On ne peut
dire, en pareil cas, qu'il y ait concurrence dangereuse
pour les marchands, obstacles sérieux aux ventes sur
lesquelles ils ont dû compter : par conséquent, la prohibition doit cesser. Pour que des marchandises ne puissent être vendues en détail et à cri public, il est évident
dès lors qu'il faut qu'elles soient neuves, et, en outre,
qu'elles aient été achetées par un commerçant avec l'intention positive de les revendre ultérieurement ; car
sans cela il ne saurait y avoir acte et objet de commerce,
conditions essentielles de l'application de la loi. »

533. — Ainsi, le propriétaire d'un héritage a récolté
des grains, de l'huile, du vin, du chanvre et autres
produits ; il tient des troupeaux qui lui procurent un
croît et des laines ; il élève des vers à soie avec la feuille
de ses mûriers, obtient des cocons et fait de la soie chez
lui : croira-t-on qu'il ne puisse pas vendre à la criée,
publiquement et en détail, tout ou partie de ces divers
objets ? Vouloir le lui interdire, parce que l'on y verrait
des marchandises neuves, ce serait méconnaître l'esprit
de la loi, détruire son but et ses dispositions. Il n'y a
point là l'objet d'un commerce.

La règle changerait-elle si, au lieu de se défaire par
la voie de l'encan, des chanvres, des lins, des laines ou
de la soie qu'il a récoltés, ce propriétaire faisait fabri-

quer, même par des tiers, des toiles, des draps, des tissus, et les vendait ensuite pièce à pièce ou en détail, à cri public ?

Ce n'est pas notre sentiment. En effet, pour qu'il y ait l'objet d'un commerce, le vendeur doit avoir acheté les matières premières qu'il a soumises à la fabrication et puis vendues ; aussi pour que la prohibition soit obligatoire, l'achat est-il toujours nécessaire, et c'est ce qui résulte expressément de l'art. 632 du code de commerce, non contredit par la loi du 25 juin 1841.

Par la même raison, celui qui possède un bois taillis ou des baliveaux sur pied, et qui, après les avoir fait exploiter, leur donne la forme de planches, solives ou autres bois de construction, peut faire vendre aux enchères les solives, planches et bois sciés ou coupés, article par article, avec publicité et concurrence, sans encourir le blâme de la loi, parce qu'il est en dehors de ses dispositions, c'est-à-dire qu'il n'y a point achat et revente.

Au contraire, le fabricant qui achète du bois et en fait construire des meubles, ne saurait pouvoir faire de ces meubles la matière d'un encan ; car c'est là pour lui marchandises neuves, objet d'un commerce, et il rentre alors dans les termes littéraux de la prohibition.

534. — On a opposé que dans Paris un grand nombre d'ouvriers fabricants de meubles, que l'on portait à plusieurs mille, n'ayant point assez d'avances pour garder les objets fabriqués en magasin et attendre l'acheteur n'avaient d'autre moyen de toucher le prix de leur travail que de les vendre aux enchères par l'entre-

mise des commissaires-priseurs ; qu'ainsi leur fermer
ce débouché indispensable, c'était condamner une population nombreuse à l'indigence.

Voici ce que répondait à cette objection M. Hébert
dans son rapport du 24 avril 1840 : « Votre commission
a dû chercher avec un grand soin à s'éclairer sur l'exactitude de ces allégations ; et les renseignements qu'elle
a recueillis, loin de lui faire entrevoir les dangers qui
lui avaient été signalés, lui ont fait découvrir une nouvelle source d'abus qu'il était urgent de tarir. Le nombre d'ouvriers qui fabriquent des meubles pour les
faire vendre aux enchères est peu considérable ; il
n'excède pas 300 sur plus de 20,000 ouvriers en
meubles. Au lieu de travailler pour le compte des
marchands ou fabricants établis, qui leur donneraient
un bénéfice modéré pour prix d'un travail bien fait, ils
fabriquent à la hâte des meubles de la plus mauvaise
qualité ; ils les portent à la salle des ventes, se contentent
du prix qu'on leur donne, et souvent ne paient pas le
marchand qui leur a fourni le bois. »

Ne pourrait-on pas, néanmoins contester l'application
de la loi de 1841 par rapport à un ouvrier, en ce qui
concerne la vente publique d'un meuble qu'il a établi
avec du bois acheté ? La jurisprudence est controversée
sur le point de savoir s'il fait ou non acte de commerce ;
or, il n'y a que cet acte qui puisse le placer sous l'empire de la disposition prohibitive de vente à l'encan.

Et puis on doit distinguer en toutes choses, surtout
en fait d'ouvrages d'art et de science, le principal de
l'accessoire et faire suivre à l'accessoire le sort du principal. Il est évident que le prix du bois, qui sert à com-

poser un meuble, est ordinairement très inférieur à
celui de la main-d'œuvre, et dès lors la matière première n'est rien en comparaison du travail de l'ouvrier. Ce travail est seul à considérer, notamment s'il
est question de meubles précieux.

Cette opinion s'étaie de notables précédents. Supposons en effet que quelqu'un, ayant composé un livre,
le fasse imprimer à ses frais, pourra-t-on l'empêcher de
vendre les exemplaires, à cri public en détail ? Evidem-
ment ce n'est pas là une marchandise dans le sens de
la loi ; car le livre dont il s'agit ne fait point l'objet
d'un commerce. Le principal est encore ici non le
papier et l'impression du livre, mais la conception, et
jamais un auteur n'a été réputé avoir fait un acte de
commerce ou être commerçant pour avoir édité et vendu
ses ouvrages.

535. — Au reste, l'opinion émise par la première
commission de la Chambre des députés, sur la vente
des meubles fabriqués par les ouvriers en chambre, a
été vivement combattue à la Chambre des Pairs. « C'est
là, a-t-on dit (1), une resource très importante pour
les ouvriers, surtout dans les temps de crise, quand le
commerce n'est pas en faveur, quand les magasins
sont encombrés. Priverez-vous les ouvriers d'une
faculté qu'ils ont depuis plusieurs années ? Sans doute le
tribunal de commerce pourra autoriser ces ventes.
Concevez-vous qu'un pauvre ouvrier, qui aura un

____

(1) Lire le discours de M. Barthélémy, à la Chambre des députés
séance du 15 juin 1841.

meuble à vendre, aille au tribunal de commerce demander cette autorisation ? Le besoin de laisser aux ouvriers la faculté dont je demande pour eux la continuation a été tellement senti, qu'en 1837, lorsque la chambre des requêtes et la chambre civile de la cour de cassation se sont mises d'accord sur la jurisprudence qui les divisait, les commissaires-priseurs dé Paris, réunis en assemblée générale, ont délibéré qu'ils ne feraient plus de vente à l'encan de marchandises neuves, et qu'ils ne recevraient plus les meubles apportés par les ouvriers. Or, les conséquences et les résultats de cet état de choses ont été tels pour la population parisienne que le préfet de police a donné l'ordre exprès de continuer ces ventes. De son côté le procureur du roi, dans l'intérêt de la tranquillité publique, dans l'intérêt de l'humanité, dans l'intérêt des petits producteurs et des consommateurs, a été obligé de faire revenir sur leurs résolutions les commissaires-priseurs eux-mêmes. Eh bien ! c'est en présnce de ces faits que ma conscience répugne à adopter une loi qui ne s'explique pas sur les conséquences que je redoute. Lorsqu'un individu a confectionné un meuble dans sa chambre, il ne peut être considéré comme commerçant et marchand de marchandises neuves dans la force du mot. Il n'a pas cessé d'être ouvrier et vous ne pouvez pas exiger qu'il s'adresse au tribunal de commerce. »

536. — Si deux propriétaires ou un plus grand nombre, soit pour économiser les frais de procès-verbaux, soit pour tirer un meilleur parti de leur marchandises neuves, mais qui sont en dehors de la prohi-

bition, en requéraient collectivement la vente, l'officier public pourrait-il la refuser sous prétexte que cette réunion de marchandises serait de nature à constituer l'objet d'un commerce ? Non, il ne serait pas rationnel de penser ainsi.

En effet, quand des parties agissent en commun et qu'elles ne sont pas solidaires, leur droits sont essentiellement divisés. Quel que soit donc leur nombre, ce n'est que leur position individuelle que l'on apprécie. C'est un principe qui ne peut, à notre avis, faire l'ombre d'un doute.

Il en serait autrement si les demandeurs avaient déclaré la solidarité. Si par exemple des propriétaires avaient formé une société entre eux pour vendre leurs produits, et surtout une société commerciale, comme cela est arrivé entre des propriétaires de vignobles, alors l'intérêt de chacun dans la vente à faire des marchandises de tous, donnerait à cette vente un caractère commercial, et le commerce en général y verrait à bon droit une véritable concurrence.

537. — La loi sur la vente publique aux enchères des marchandises n'a pas compris seulement sous ce nom les produits manufacturés; elle s'applique aussi aux produits naturels du sol quand ils sont vendus par des marchands.

Notamment des arbres abattus et bois équarris peuvent être considérés comme marchandises neuves; et le marchand de bois qui les fait vendre aux enchères, de même que le commissaire-priseur qui procède à cette vente en dehors des autorisations et cas exceptionnels spécifiés par la loi, sont passibles des peines qu'elle inflige (1);

538. — Doivent être considérées comme marchandises neuves, des bois de constructions refusés par l'administration de la marine militaire, malgré les mutilations que les vérificateurs de la marine ont fait subir à ces bois, si, d'ailleurs, ils n'ont pas cessé d'être la propriété de marchands spéculant sur leur prix. En conséquence, ces bois ne peuvent être vendus aux enchères que dans les cas et suivant les formes déterminées par la loi du 25 juin 1841, sur la vente des marchandises neuves (2).

539. — On avait prétendu qu'on ne pouvait classer dans les marchandises neuves que les choses qui durent encore malgré l'usage qu'on en aurait pu faire, les choses qui sont susceptibles de passer du neuf au vieux et qu'il fallait exclure de l'application de la loi de 1841 les choses fongibles, comme les vins, qui se détruisent et se consomment par l'usage. Un jugement du tribunal correctionnel de la Seine, du 8 avril 1842, a fait justice de cette prétention (3).

540. — Mais des livres, des meubles, des vêtements,

---

(1) Consulter en ce sens un jugement du tribunal correctionnel de Lille, 20 août 1850, *Journal des Commissaires priseurs,* t. 8, p. 145.

(2) Caen, 23 mars 1850, *Journal des Commissaires-Priseurs,* t, 7, p. 197.

(3) *Journal des Commissaires-Priseurs,* t. 1er, p. 79.

des statues ou objets d'art, achetés par des marchands
à des particuliers, peuvent-ils être considérés comme
marchandises neuves, s'ils n'ont pas été altérés par
l'usage, si par exemple, les livres n'ont pas été coupés, si
les vêtements n'ont pas été portés, si les objets d'art,
statues, tableaux, porcelaines, cristaux, etc., n'ont pas
reçu d'avaries notables ?

Suivant certains auteurs l'on soutient que tous ces
objets doivent être réputés neufs, et que des marchands qui les ont achetés de particuliers, ne pourraient les faire vendre aux enchères ; un amendement, dit-on, proposé à la chambre des députés, par
M. Portalis, et rejeté par elle (1), déclarait qu'un objet
cesserait d'être marchandise neuve par cela seul qu'il
aurait été vendu et livré à un particulier. Or, tel n'é-
tait pas le seul but de l'amendement de M. Portalis ; l'ho-
norable député demandait que certaines marchandises
comme les tableaux, les statues, les porcelaines, les
pièces d'orfèvrerie et les objets qui auraient été une
première fois vendus et livrés à des particuliers fussent
exemptés de la prohibition ; il se fondait, relativement
aux premiers, sur ce qu'il est impossible de déterminer
si l'on en a fait usage ; et relativement aux seconds, sur ce
qu'on n'entend par marchandises neuves que des marchandises qui n'ont pas servi. Mais en exceptant ainsi
telles espèces de marchandises, on risquait de tomber
dans des omissions importantes : aussi l'amendement
fut-il rejeté sans discussion, et on resta dans les termes
de l'article 1er de la loi.

____

(1) Consulter le *Moniteur* du 8 avril 1841.

Quant à nous, nous ne saurions admettre comme marchandises neuves des objets quelconques qui ont déjà fait l'objet d'une vente à un particulier (1). Sans doute, un marchand d'objets neufs, connu comme tel, qui reprendrait ou retirerait de chez les particuliers des objets qui n'auraient pas encore servi et les replacerait parmi les marchandises neuves de son commerce, ne pourrait faire vendre ces objets aux enchères. Mais il n'en serait pas de même des objets retirés de chez les particuliers par des marchands revendeurs : quelque peu détériorés que fussent ces objets, quelque fraîcheur qu'ils eussent conservée, ils auraient, par le fait même de leur passage aux mains de l'acheteur et de leur entrée chez le revendeur, perdu leur qualité de marchandises neuves.

Et quand même des objets vieillis et usés auraient été rajeunis, réparés et restaurés, ils ne devraient pas être considérés comme marchandises neuves, à moins toutefois, que la restauration n'en eût complètement changé l'état ou la forme. On conçoit, en effet, que si un fabricant fait, par exemple, avec de vieux meubles ou avec des débris de vieux meubles des meubles nouveaux, il ne puisse pas les faire vendre aux enchères comme objets ayant servi (2).

541. — Nous n'admettrions pas non plus sans

---

(1) Lire à ce sujet la note publiée dans le *Journal des Commissaires-Priseurs*, 1884, p. 7.

(2) La loi de 1841, ne s'applique pas à la vente aux enchères de meubles qui se composent de parties neuves et de parties anciennes, encore bien que ses meubles soient dans le commerce. (Douai, 10 janvier 1853, *Journal des Commissaires-Priseurs*, 1853, p. 76.

quelque restriction la règle proposée par M. Duvergier dans son Commentaire sur la loi de 1841, et qu'il formule en ces termes : « Toutes les fois qu'il se présentera du doute sur l'état d'une marchandise, on pourra le lever en se demandant si des marchandises semblables sont ordinairement débitées par des commerçants en en gros et en détail. Si l'on reconnaît qu'elles sont telles qu'un marchand de neuf les admettrait dans ses magasins, il faudra prohiber la vente aux enchères, et dans le cas contraire, la permettre. »

Pour nous, la règle générale est que les marchandises, même ayant un aspect neuf, peuvent, pourvu qu'elles aient déjà passé entre les mains d'acheteurs, être vendues aux enchèrres à la requête de qui que ce soit, même du marchand revendeur qui les a retirées ; nous n'admettrions d'exception, nous le répétons, que pour les marchandises encore neuves, retirées par le marchand de neuf lui-même, car elles auraient dans ce cas conservé ou récupéré, en rentrant dans son magasin, leur qualité de marchandises neuves : « Quoi ! disait M. Barthélémy à la chambre de Pairs, les marchands de meubles d'occasion pourront faire des ventes à l'encan et les effectuer dans leurs propres magasins, et les marchands de marchandises neuves ne pourront le faire. Il était donc reconnu dans les chambres législatives, car M. Barthélemy n'a pas été contredit, que l'interdiction de vendre aux enchères n'atteignait pas les meubles d'occasion (1).

---

(1) Consulter toutefois sur cette question un jugement du tribunal correctionnel de la Seine, du 29 janvier 1842 et un arrêt de

542. — *Vente en détail.* — C'est seulement la vente en détail des marchandises neuves qui est interdite par la loi, c'est-à-dire la vente faite pièce à pièce ; mais on n'éviterait pas l'interdiction en réunissant plusieurs objets en plusieurs articles ou en donnant à chaque article une grande importance comme valeur. On tomberait d'ailleurs, en agissant ainsi, sous les prohibitions de lois relatives aux ventes en gros.

543. — *Publicité.* — Dans quels cas les ventes en détail de marchandises sont-elles censées publiques et doivent-elles être régies par la loi du 25 juin 1841 ?

C'est toutes les fois qu'elles sont faites avec publicité, quel que soit le lieu où l'on y procède. Il suffit que le public puisse être librement admis à acheter, pour que la loi soit applicable.

Les affiches, les publications, même les criées à l'extérieur du domicile du propriétaire-vendeur peuvent n'être pas nécessaires pour constituer la publicité d'une vente aux enchères ou à l'encan.

Il a été jugé, en effet, par un arrêt de cassation du 22 mai 1822, que « lorsque, sans le concours d'un officier public, un particulier vend dans sa chambre et en présence d'un certain nombre de marchands appelés par lui, une coupe de bois au plus offrant, il y a là vente publique aux enchères et contravention punissable (21). »

---

la cour d'Amiens, du 23 avril 1850, *Journal des commissaires-priseurs*, 1852, p. 190.

(1) Voir toutefois sur le droit des particuliers de vendre aux enchères publiques les arbres provenant de leurs propriétés, un arrêt de cassation dn 14 novembre 1883, publié dans le *Journal des Commissaires-Priseurs* 1883, p. 213.

Il existe à ce sujet un autre arrêt de la cour de cassation du 17 juillet 1827, duquel il résulte qu'un tribunal avait pu décider, sans encourir sa censure, qu'il était suffisamment prouvé que, quoique faite dans un lieu dont les portes étaient fermées, une vente avait été publique. La raison déterminante fut que cette vente avait été annoncée par lettres et affiches, et que les portes s'ouvraient devant tous ceux qui venaient assister aux enchères.

544. — Il est indubitable, cependant, que des individus peuvent se réunir dans un endroit quelconque, et là, quand le public en est exclu, faire une vente à la criée sans s'exposer à aucune peine.

Il doit en être ainsi, à plus forte raison, à l'égard de co-propriétaires de marchandises neuves? Si, pour faire cesser l'indivision, ils jugent à propos de recourir à la forme des enchères, serait-ce pièce à pièce, on ne pourra point les en empêcher, parce que ce n'est là qu'une vente privée par licitation, équipollant à partage. Cette vente ne comportera pas d'ailleurs la présence d'un officier ministériel, puisque, n'étant pas publique, les parties ont le droit de la faire elles-mêmes et comme bon leur semble, sans encourir le blâme de la loi.

545. — *Cri public.* — Voici comme s'exprimait M. Hébert dans son rapport sur la loi de 1841 : « Quant à l'expression de cri public qui n'a pas, dans l'usage, de signification bien déterminée, l'ensemble des dispositions du projet la précise. Il ne s'agit point d'enlever au marchand le droit d'annoncer à haute voix sa marchandise; mais on interdit seulement tout

mode de vente qui, malgré de plus ou moins habiles déguisements, réunirait, dans la réalité, les caractères en même temps que les inconvénients de la vente publique aux enchères (1). »

L'expression générale de cri public comprend donc, dans le sens de la loi, toute vente avec publicité et concurrence, soit à l'enchère, soit au rabais, soit à prix fixe proclamé.

546. — *Enchères.* — Tout le monde sait ce que c'est que la vente aux enchères. Littéralement on appelle ainsi l'offre faite au-dessus du prix qu'un autre a offert. Dans l'usage ordinaire, on entend par ce mot toute mise à prix, même celle qui est faite la première.

547. — *Rabais.* — « Soit que les marchands aient voulu s'affranchir des charges que leur impose l'assistance des officiers ministériels, soit que dans plusieurs localités elle leur ait été refusée, ils ont tenté, dit M. Hébert (2), d'éluder de diverses manières le texte des lois qui prohibent les ventes publiques aux enchères par autres que les fonctionnaires qui en ont reçu le pouvoir. Ainsi, au lieu de livrer chaque objet mis en vente à l'enchère du public, et de l'adjuger à celui qui offre le prix le plus élevé, on les a vus faire la criée par un prix qu'ils abaissent progressivement jusqu'à ce qu'ils aient trouvé un acheteur auxquels ils adjugent. On sent

---

(1) **M.** Quénault répétait les mêmes expressions dans son rapport du 18 mars 1841 sur le projet de 1841 ; *Moniteur* du 20 mars, p. 994.

(2) **Voir** son rapport déjà cité du 24 avril 1841.

que ce mode d'adjudication n'est que l'enchère déguisée : il y a tous les inconvénients de la vente à l'encan proprement dit, puisqu'il a les mêmes séductions pour le public ; il offre les mêmes facilités à la fraude, et de plus, affranchi de la surveillance de l'officier instrumentaire, il fruste le Trésor du droit de deux pour cent qui se perçoit sur les ventes aux enchères. »

548. — *Prix fixe proclamé.* — Que faut-il entendre par cette expression ? — « Il arrive souvent, disait le ministre lors de la discussion de la loi (1), que des négociants, ou plutôt, pour me servir d'une plus juste expression, que des colporteurs apportent dans une ville des marchandises assez considérables ; ils annoncent une vente à prix fixe ; d'abord ils montrent au public un mouchoir, par exemple, le font circuler et l'adjugent au prix proclamé. Mais bientôt ils vendent au même prix un grand nombre de mouchoirs d'une qualité inférieure ; de telle sorte, qu'au lieu de débiter des marchandises de la bonté de l'échantillon, ils finissent par vendre des marchandises détériorées, de rebut, aux dépens du public et de la foi due aux enchères. Voilà les ventes à prix fixe qu'on a voulu proscrire. Il est donc bien entendu que le négociant loyal qui déclare vendre à prix fixe fait un acte de commerce excellent, que le projet est bien loin de vouloir atteindre. » Et M. Mater complétait la pensée du ministre et ajoutait : « La commission a voulu interdire qu'un marchand ne pût

---

(1) Lire cette discussion dans le *Moniteur* du 8 avril 1841, p. 920.

arrêter autour de lui une foule d'individus qui n'avaient
pas besoin d'acheter, mais qui se trouvent excités par
l'espoir du bon marché, et qu'il trouvât lui-même un
moyen de leur vendre frauduleusement et par ruse sa
marchandise beaucoup au-dessus de sa valeur. Nous
n'avons pas eu l'intention d'empêcher les ventes à prix
fixe. Nous voulons empêcher que, par le moyen du cri
public, on ne commette les mêmes fraudes qu'à l'aide
des enchères ou du rabais. Ce n'est pas le prix fixe que
nous voulons repousser de la loi, c'est le cri annonçant
un prix fixe, cri trompeur, cri de fraude, la plupart du
temps. »

549. — Après avoir posé dans l'art. 1er de la loi
de 1841, la règle qui probibe la vente aux enchères en
détail de toutes marchandises neuves, le législateur
détermine dans l'article 2, les exceptions qui sont faites
à cette prohibition.

L'article 2 est ainsi conçu : « Ne sont pas comprises
dans la défense de vendre à cri public des marchandises neuves les ventes prescrites par la loi, ou faites
par autorités de justice, non plus que les ventes après
décès, faillite ou cessation de commerce, ou dans tous
les autres cas de nécessité dont l'appréciation sera soumise au tribunal de commerce. Sont également excep-
tées les ventes à cri public de comestibles et objets de
peu de valeur connus dans le commerce sous le nom de
menue mercerie. »

Accompagnons le texte de l'article 2, de quelques
commentaires, comme nous l'avons fait pour l'article 1er.

550. — Toute la loi, disait M. Portalis, dans son rapport à la Chambre des Pairs, est dans ces mots de l'article 1ᵉʳ : « Les ventes aux enchères de marchan- « dises neuves sont prohibées. »

Si l'article 2 énumère des exceptions, s'il parle des divers cas de ventes prescrites par la loi ou faites par autorité de justice, après faillite ou cessation de commerce, on peut dire en toute vérité que ce ne sont pas là des exceptions à l'interdiction rigoureuse que renferme l'article 1ᵉʳ. La matière est différente, et voilà pourquoi elle n'est pas réglée de la même manière. « Dans les cas de la prétendue exception, il s'agit de ventes obligées, forcées, judiciaires ; elles n'ont jamais entraîné d'abus. Loin d'être défendues, elles sont ordonnées ; au contraire, le projet s'occupe de ventes purement volontaires et aux enchères qu'il veut interdire à cause des abus qu'elle entraîne (1). »

551. — *Vente après décès*. — La vente de marchandises neuves dépendant d'une succession bénéficiaire n'a pas besoin d'être autorisé par le tribunal de commerce. Elle est régulièrement faite par l'héritier bénéficiaire, en vertu de l'ordonnance du président du tribunal civil portant nomination de l'officier public chargé de procéder à cette vente (2).

552. — *Cessation de commerce*. — Le cas de cessation de commerce, exigeait qu'on l'exceptât de la

---

(1) *Moniteur*, 20 mai 1841, p. 1406 et 1407.

(2) Rouen, 11 décembre 1845, *Journal des Commissaires-Priseurs*, t. 3, p. 78.

prohibition formulée dans l'article 1ᵉʳ de la loi de 1841.
En effet, le marchand qu'une circonstance impérieuse
contraint à quitter les affaires ne saurait être placé dans
l'alternative ou de subir une perte notable sur son
fonds, en le vendant en bloc, ou de continuer encore
pendant longtemps l'écoulement successif des articles
qui le composent. La vente aux enchères est, en pareil
cas, une nécessité qu'il faut subir ; seulement il convient
de prendre toutes les précautions possibles pour qu'en
simulant une cessation de commerce on ne rende pas
vaines toutes les autres dispositions de la loi.

553. — Faut-il que la cessation de commerce soit absolue et sans aucun espoir de reprise ? — En aucune façon.
« Lorsqu'il y a une cessation de commerce, a dit le rapporteur de la loi (1), dût-elle ne durer que trois, quatre ou cinq mois, si elle est sincère, de bonne foi, par
exception, il y aura lieu à autoriser la vente aux enchères. En un mot, il y aura ou cessation de commerce,
et alors on sera dans le cas d'être autorisé ; ou continuation et alors on n'aura pas besoin de la vente aux
enchères.

554. — La discussion de la loi fournit encore
quelques autres règles d'interprétation sur ce point :
Faudra-t-il qu'il y ait une cessation absolue de commerce, demandait M. Gillon, député, ou bien suffira-
t-il que le commerçant qui réunit plusieurs branches

____

(1) Lire la discussion de la loi à la Chambre des députés,
séance du 3 avril 1841.

de commerce renonce à l'une de ces branches ? — « Si
un commerçant, dont le négoce a plusieurs branches, a
répondu le ministre, abandonne une de ces branches,
il est évident qu'il y aura cessation, et par conséquent
qu'il y aura lieu de vendre les marchandises dépendant
de cette branche (1). »

555. — L'intention du législateur a donc été de laisser
au tribunal latitude entière pour venir au secours du
marchand forcé d'interrompre son négoce ; mais en
même temps d'armer la sévérité du juge contre les sub-
terfuges que l'on pourrait employer dans le but d'en
éluder les dispositions. C'est en se pénétrant bien de
cette intention que le tribunal statuera. Il appréciera si
la translation de domicile d'une ville dans une autre est
de bonne foi, et si elle doit faire obtenir l'autorisation
demandée. Le simple changement de résidence dans la
même ville ne pourra être considéré comme une cessation de commerce, à moins qu'il ne soit accompgané du
changement de la nature du négoce.

556. — Il ne faut pas confondre la vente d'un fonds
de commerce avec la vente pour cessation de commerce :
un fonds de marchandises ne peut être vendu pour la
seule raison qu'il est fonds, même vieux fonds de marchandises. S'il pouvait exister quelques difficultés sur
ce point, elles seraient levées par les explications que
donna le rapporteur Quénault, sur un amendement
que l'on voulait faire admettre par la chambre des dé-

---

(1) *Moniteur*, du 9 avril 1841, p. 929.

putés pour la vente des fonds de marchandises (1).
« M. Legentil vous a parlé, disait-il, de vieux fonds de
magasins, de marchandises de qualités inférieures, qui
ont tout à fait passé de mode, et que l'on a besoin d'é-
couler par un moyen extraordinaire. Je crois qu'il n'est
pas besoin de faire une infraction aux principes pour
un cas aussi peu favorable. « Pourquoi voulez-vous que
ces marchandises de qualités inférieures ne soient pas
abandonnées aux chances ordinaires du commerce,
de manière à conserver les avantages de la libre concurrence aux marchands qui travaillent mieux, qui tra-
vailent de manière à satisfaire la mode et le consommateur ? Il est bon que ceux qui ne travaillent pas
bien, qui ne satisfont pas la mode, soient avertis par
une perte, au lieu d'être encouragés par la facilité de
vendre aux enchères à un prix plus élevé les mauvaises
marchandises que les bonnes. »

557. — Le négociant qui a déclaré cesser le commerce, pour obtenir, conformément à l'art. 5 de la loi
du 25 juin 1841, l'autorisation de vendre a cri public et
en détail, le reste de ces marchandises neuves, n'est pas
déchu de reprendre le commerce ; — la reprise du commerce après la vente à cri public ne donne lieu à une
action en dommages-intérêts en faveur des marchands
intéressés, qu'autant que ce fait, à raison des circonstances, a un caractère de quasi-délit ou constitue une
concurrence déloyale (2).

----

(1) Voir le *Moniteur* du 4 avril 1841.
(2) Tribunal correctionnel de la Seine, 7 août 1855, *Journal
des Commissaires-Priseurs*, 56, p. 349,

558. — Le négociant, autorisé à vendre des marchandises neuves à cri public, sur la déclaration par lui faite qu'il avait quitté le commerce, ne commet aucun délit et ne peut être déclaré coupable de concurrence déloyale, parce que, après avoir réellement abandonné le commerce, il aurait repris les affaires, alors surtout qu'il s'est écoulé un délai suffisant pour que ses concurrents, faisant le même commerce, aient été indemnisés de la perte que peut leur avoir causé la vente à cri public. — Et les autres marchands, faisant le même commerce, ont qualité pour intenter action afin de s'opposer, s'il y a lieu, à la reprise des affaires par un commerçant agissant comme il vient d'être dit (1).

559. — Le marchand, à la fois restaurateur et cafetier, qui a cessé l'un de ces deux commerces, peut-être autorisé par le tribunal de commerce à vendre aux enchères les marchandises neuves (des vins) qui alimentaient le commerce abandonné, bien que ces marchandises aient pu être employées dans l'autre genre de commerce, si, d'ailleurs la cessation de ce commerce est constante, et si l'approvisionnement de marchandises pour lesquelles l'autorisation a été accordée était beaucoup trop considérable pour le commerce conservé. Mais le tribunal doit-il régler la vente à l'encan, la forme, celui de la vente, etc., et a-t-il à cet égard pouvoir discrétionnaire ? (2).

---

(1) C. Paris, 6 décembre 1855 *Journal des Commissaires-priseurs*, 1858, p. 118.

(2) C. Metz, 25 mars 1858, *Journal des Commissaires-Priseurs*, 1859, p. 117.

560. — *Cas de nécessité.* — On a encore excepté de la prohibition de l'article 1er de la loi de 1841, toute vente en détail de marchandises dont la nécessité est attestée par le tribunal de commerce, pourvu que le demandeur appartienne au commerce sédentaire, et qu'il ait depuis un an au moins son domicile réel dans l'arrondissement où la vente aux enchères publiques doit être opérée.

Cette exception a donné lieu devant les Chambres à de longs débats (1), et il n'est pas facile, en présence de l'obscurité même de la rédaction de l'art. 2 de la loi, de discerner clairement les cas de nécessité dans lesquels le tribunal de commerce peut autoriser la vente publique en détail de marchandises neuves.

Le mot *nécessité* est bien vague et peut s'interpréter de différentes manières ; les organes du gouvernement, les ministres eux-mêmes n'ont pas paru s'entendre sur son interprétation (2).

Quoi qu'il en soit, les longs débats devant les deux Chambres sur l'obligation imposée au commerçant de venir exposer sa situation au tribunal de commerce pour obtenir l'autorisation de vendre en public et aux enchères, les réponses des ministres, ne permettent pas de douter qu'il a été dans l'intention du législateur

----

(1) On consultera avec intérêt les discussions qui eurent lieu notamment dans les séances des 2 et 8 avril, 15 et 17 juin 1841, *Moniteur* de 1841, p. 883, 886, 920, 923, 1865 et suivants.

(2) Voir notamment la discussion qui s'est élevée à la Chambre des Pairs entre le ministre de la justice, M. Rossi, et le ministre des travaux publics. — Séance du 17 juin 1841, *Moniteur*, p. 1685.

que le négociant embarrassé dans ses affaires pourra, pour ce seul motif, demander l'autorisation de vendre à l'encan, non pas seulement des fonds de magasin, mais toutes marchandises neuves, et que le tribunal de commerce devra apprécier sa demande.

561. — Mais le tribunal devra-t-il se borner à vérifier les faits allégués, et, si ces faits sont justifiés et qu'ils établissent la nécessité relativement au demandeur ainsi que sa bonne foi, l'autorisation devra-t-elle être nécessairement accordée, ou le juge pourra-t-il chercher, en dehors de ces faits, les motifs d'un refus, par exemple dans la situation du marché, la fréquence des demandes d'autorisation, le tort plus ou moins grand qui pourrait en résulter pour les autres commerçants suivant la situation de la place? — Nous ne le pensons pas ?

Le tribunal aura seulement le droit, suivant l'article 5 de la loi, de fixer, dans son arrondissement, un lieu pour la vente autre que celui du domicile du demandeur, et d'ordonner que les adjudications ne se feront que par lots, dont il fixera l'importance; mais il ne pourra pas plus interdire une vente à l'encan, en cas de nécessité bien constatée, que s'il s'agissait de vente après décès, faillite, ou dans les autre · cas spécialement prévus (1).

562. — Il n'en est pas de même des considérations

---

(1) Mais il faut que le cas de nécessité soit bien établi. Paris, 3 août 1860, *Journal des Commissaires-Priseurs*, 1860, p. 125.

qui se rattachent à l'état et à la position du demandeur, telles que sa bonne foi, ses ressources, le remède que la vente à l'encan peut apporter à sa situation ; ces considérations devront être pesées par le tribunal ; et toutes les fois qu'il ne sera pas prouvé que la vente peut produire un bon résultat, l'autorisation devra être refusée, car il ne faut pas oublier que le principe de la prohibition est la règle générale; qu'il est consacré par l'article 1er de la loi, que l'autorisation est l'exception et que la nécessité doit être bien constatée.

563. — *Comestibles et menues merceries.* — L'article 2 de la loi du 25 juin 1841 excepte encore, de la prohibition « les ventes à cri public de comestibles et objets de peu de valeur connus dans le commerce sous le nom de menues merceries (1).

Dans les ventes de cette nature ne se rencontre en effet, aucun des intérêts qui a justifié la rigueur de la loi de 1841. Le petit commerce de comestibles et des menues merceries qui se fait d'ordinaire sur la voie publique relève surtout de la police locale dont la surveillance offre des garanties suffisantes.

Dans les marchés de certaines villes en vertu de règlements particuliers, des comestibles sont vendus à la criée par des facteurs spéciaux ; la loi du 25 juin 1841 n'a apporté aucun changement à ces règlements et à ces

---

(1) Par les mots *menues merceries*, il faut entendre de petits objets de peu d'importance qu'on vend principalement dans les foires et qu'on peut vendre aussi et débiter dans les villes. (Définition des membres devant la Chambre des Pairs, séance du 17 juin 1841.

usages (1); elle a laissé intact les droits qui appartiennent à l'autorité municipale en vertu des lois de 1790
et des règlements postérieurs, mais elle n'ajoute rien
à ses droits de ce qui pourrait porter atteinte à la liberté
du commerce, en dehors des droits de la police locale
sur les marchés et sur la voie publique (2).

564. — Un exemple curieux de ces ventes spéciales
réglées seulement par l'usage, se rencontre en Normandie. Les négociants de cette région vendent eux-
mêmes et crient eux-mêmes publiquement le poisson en
gros, salé, soit pour eux, pour leur compte personnel,
soit pour les maisons du dehors qu'ils représentent à la
vente, lesquelles maisons sont de basse Normandie,
Boulogne, Dieppe, Saint-Valéry et autres ports. Il leur
est accordé 5 p. 0/0 sur le montant des ventes et ils font
remise d'un p. 0/0 aux patrons des bateaux.

Le commis du commerce de la ville assiste à ces
opérations pour prendre note des prix, et est, en
quelque sorte, le directeur de la vente, laquelle ne peut
avoir lieu sans sa présence, parce qu'il est spécialement
chargé par le commerce de la place, moyennant un trai-

---

(1) Le tribunal correctionnel de Compiègne a rendu un jugement important sur les objets de *menue mercerie*; il s'agissait
de savoir si de la bonneterie et quelques autres objets indiqués
dans les motifs du jugement, avaient pu, sans contravention,
être vendu à cri public. — Voir cette décision dans le *Journal
des Commissaires-priseurs*, 1847, p. 21.

Lire à ce sujet les déclarations de M. Quénault, rapporteur
de la loi, dans le *Moniteur* du 20 mars 1841. p. 694.

(2) Lire à ce sujet les affirmations du rapporteur de la loi
dans le *Moniteur* du 8 avril 1841, p. 924.

tement fixe, de prendre écriture des enchères et adjudications faites aux différents saleurs de cette place afin de s'assurer de l'importance de chaque adjudication, de manière à connaître leur position respective à l'égard de la caution que chaque saleur a fournie et à savoir si les adjudications ne dépassent pas le chiffre cautionné. »

565. — Les ventes à cri public de comestibles et de menues merceries peuvent aussi bien se faire dans les boutiques ou magasins que sur la voie publique ; et la vente de marchandises neuves, tels que : Comestibles, marée, poissons d'eau douce, volaille, gibier, fruits vendus aux enchères par un commerçant d'une ville dans ses magasins, en son nom, et au nom des commettants, ne constitue pas empiétement sur les attributions des commissaires-priseurs. En cas de vente par le même commerçant, suivant le même mode, de marchandises neuves consistant en objets de conserve, sardines pressées, etc., sans autorisation du tribunal de commerce, les commissaires-priseurs ne sont pas admis à se plaindre, et ne peuvent revendiquer les ventes ainsi faites dans ces conditions (1).

566. — De la discussion aux Chambres législatives sur l'interprétation du second alinéa de l'article 2 de la loi du 25 juin 1841, il ressort, en effet clairement que le droit est resté, quant à la vente des comestibles et

---

(1) C. Dijon, 15 janvier 1847, *Journal des Commissaires-Priseurs*, 1875, p. 27, et les observations critiques de M Le Hir, p. 5.

objets des menus merceries, ce qu'il était auparavant,
c'est-à-dire que là où l'usage des ports et des marchés
est de vendre aux enchères les comestibles, viandes,
beurres frais ou tous objets qui se détériorent promptement, et qui demandent, par conséquent, à être
vendus sans aucun retard, cet usage est autorisé par la
loi. Un pareil mode de vente pourrait même être étali
par l'autorité municipale, relativement aux mêmes
objets, partout où il n'existerait pas, si les mêmes
raisons de l'établir existaient.

567. — Il est une observation particulière à faire, relative à la vente du poisson : dans les ports de la Manche
et de l'Océan, le poisson, les huîtres surtout se vendent
aux enchères à l'arrivée des pêcheurs après chaque
marée ; la loi de 1841, sur la vente des marchandises
neuves, comprend-elle le poisson sous l'expression
comestibles ?

Tout porte à le croire, puisqu'aucune denrée n'est
plus sujette à se corrompre que le poisson et n'exige
une vente plus urgente. Quoi qu'il en soit, le projet de
la loi de 1840, qui contenait, tout le système de la vente
publique de meubles, et où se trouvait mot pour mot la
disposition qui forme le second alinéa de l'article 2 de
la loi de 1841, comprenait, en outre, comme exception
au privilège et aux attributions des officiers vendeurs,
un article 42 ainsi conçu : « Il sera procédé à la vente
du poisson frais et salé suivant les règlements et usages
locaux, sans préjudice de l'intervention des commissaires-priseurs, si cette intervention est jugé nécessaire. » Cet article, quoiqu'ayant subi le sort de la loi
générale dans laquelle il était contenu, peut cependant

31

être pris pour règle, car il nous paraît résumer et défi-
nir le droit sur ce point important, Ainsi, là où des
règlements ou usages locaux permettent aux simples
particuliers de vendre aux enchères sur le port ou sur
le marché le poisson, ces règlements et usages devront
être respectés.

568. — Toutefois, plusieurs distinctions sont à faire
soit pour le poisson, soit pour les autres comestibles :
ainsi, l'on conçoit parfaitement que le pêcheur qui apporte sa marée sur le port, que le marchand de poisson
crie, mette aux enchères le poisson qu'il vient de pêcher ou
d'acheter ; que le même droit soit attribué au facteur du
port ou de la halle, non-seulement pour le poisson, mais
aussi pour d'autres comestibles qui se corrompent facilement. Mais qu'une espèce d'entrepreneur de vente publique de comestibles s'empare de tout le poisson qui entre
dans une ville, ou accapare une grande partie du beurre
ou des autres denrées nécessaires à la consommation,
et viennent sur la place publique établir des enchères
ou faire crier sa marchandise, voilà ce qui n'a pu être
autorisé par la loi ; la police locale doit l'empêcher ; et
le commissaire-priseur, ou les officiers vendeurs de la
localité auraient aussi le droit de s'y opposer, un pareil
fait constituant évidemment une atteinte à leurs attributions.

569. — Il ne faut pas, au reste, prendre le mot *comestible* dans sa définition la plus étendue : le législateur
n'a entendu exempter de prohibition que les comestibles
qui se corrompent promptement et facilement, les co-

mestibles qui se vendent à la criée dans les marchés de certaines villes par les facteurs spéciaux. Ainsi la sardine pressée, la morue du commerce, le ton mariné, les poissons apprêtés pouvant se garder plusieurs jours, n'entreraient pas dans l'exemption de l'article 2 de la loi de 1841 (1).

570. — On doit restreindre la signification du mot *comestibles*, aux articles d'une difficile conservation ; aux articles d'une alimentation habituelle et journalière ; aux articles qui, sous le rapport du prix et du lieu de la vente, doivent être mis à la portée de cette partie de la population qui ne peut sans dommage s'éloigner de ses ateliers ; aux articles dont la vente à cri public ne saurait porter un grand préjudice aux marchands sédentaires et établis, faisant le commerce des comestibles en général ; enfin aux articles sur lesquels la police peut exercer une facile et immédiate surveillance (2).

---

(1) Consulter à ce sujet un article de M. Le Hir, publié dans le *Journal des Commissaires-Priseurs*, 1850, p. 44.

(2) Un arrêt de la Cour de Cassation, du 13 mai 1843, décide que l'exception créée par le § 2 de l'art. 2 de la loi du 25 juin 1841, ne saurait être appliquée au chocolat, substance alimentaire, il est vrai, mais substance composée qui peut se conserver, qui n'est pas d'un usage habituel, surtout pour toutes les classes de la société, et qui n'est pas d'une valeur à la portée de tous, *Journal des Commissaires-Priseurs*, 1844, p. 172.

Par un autre arrêt du 26 mai 1842, la cour de Paris a décidé que le vin était du nombre des marchandises neuves, compris dès lors sous cette dernière dénomination dans l'article 1er de la loi du 25 juin précité, et qu'ils ne rentrent pas dans la classe des *comestibles*, cette dernière dénomination ne s'appliquant qu'aux substances ou préparations alimentaires, *Journal des Commisaires-Priseurs*, 1845, p. 78.

571. — Quant aux objets de menues merceries, tout porte à croire que la loi a borné l'exception qui les concerne, à la simple vente à cri public. Le second alinéa de l'arlicle 2 n'excepte en effet que « les ventes à cri public de comestibles et autres objets de peu de valeur, connus dans le commerce sous le nom de menues merceries. » La vente à cri public n'est pas absolument la vente aux enchères. La loi du 22 pluviôse an VII interdit formellement à tous autres qu'aux officiers vendeurs, de vendre publiquement et aux enchères, tous meubles et objets mobiliers; si une exception est faite pour les comestibles, c'est à raison d'un usage immémorial, basé sur la nécessité; mais le même motif n'existe plus relativement aux menues merceries; on entend bien crier sur nos places et sur nos marchés, de petits objets à prix fixes, mais on ne les met pas aux enchères : aussi pensons-nous que les officiers vendeurs, si une pareille atteinte était portée à leurs attributions seraient admis à s'y opposer. L'abus d'ailleurs, en pareil cas, serait d'autant plus dangereux qu'il serait plus facile. L'intention du législateur n'a donc pu être, alors qu'il s'en référait à l'usage et au peu d'importance des ventes à cri public qu'il autorisait, de permettre de crier aux enchères des objets de menues merceries.

FORMES A SUIVRE POUR LA VENTE DES MARCHANDISES NEUVES LORSQU'ELLE EST AUTORISÉE

572. — D'après l'article 3 de la loi du 25 juin 1841, les *ventes* publiques et en détail des marchandises neuves, qui auront lieu *après décès* ou par autorité de

justice, seront faites selon les formes prescrites et par les officiers ministériels préposés pour les ventes forcées du mobilier, conformément aux articles 625 et 945 du code de procédure civile.

573. — Les formes tracées par cet article, pour les ventes de marchandises neuves après décès ou par autorité de justice, sont donc les mêmes que celles que l'on suivait avant la loi dans les cas de ventes de meubles ordinaires. La requête des héritiers bénéficiaires qui voudraient faire vendre aux enchères des marchandises neuves même inscrites au tableau des marchandises en gros, devrait être adressée au président du tribunal civil et non au président du tribunal de commerce (1).

574. — Les *ventes* de marchandises *après faillite* dit l'article 4 de la loi du 25 juin 1841, seront faites conformément à l'article 486 du code de commerce, par un officier public de la classe que le juge-commissaire aura déterminée. Quant au mobilier du failli, il ne pourra être vendu aux enchères que par le ministère des commissaires-priseurs, huissiers ou greffiers des justices de paix, conformément aux lois et règlements qui déterminent les attributions de ces différents officiers.

575. — Quant à la forme des *ventes après cessation*

---

(1) Rouen, 11 décembre 1845, *Journal des Commissaires-Priseurs*, 1849, p. 97.

de commerce ou en cas de nécessité reconnue par le tribunal de commerce, l'article 5 de la loi de 1841 la détermine avec précision.

Les ventes publiques et par enchères après cessation de commerce ou dans les autres cas de nécessité prévus par la présente loi, dit cet article, ne pourront avoir lieu qu'autant qu'elles auront été préalablement autorisées par le tribunal de commerce, sur la requête du commerçant propriétaire, à laquelle sera joint un état détaillé des marchandises.

Le tribunal constatera par son jugement le fait qui donne lieu à la vente; il indiquera le lieu de son arrondissement où se fera la vente; il pourra même ordonner que les adjudications n'auront lieu que par lots dont il fixera l'importance.

Il décidera d'après les lois et règlements d'attributions qui, des courtiers ou des commissaires-priseurs et autres officiers publics, sera chargé de la réception des enchères.

L'autorisation ne pourra être accordée pour cause de nécessité qu'au marchand sédentaire ayant depuis un an au moins son domicile réel dans l'arrondissement où la vente doit être opérée.

Des affiches apposées à la porte du lieu où se fera la vente, énonceront le jugement qui l'aura autorisée.

576. — Le commerçant propriétaire des marchandises doit d'abord demander l'autorisation par requête à laquelle sera joint un état détaillé des marchandises.

Les jugements ainsi rendus sur requête contiendront en tête la requête qui indique les qualités des parties et les faits, et pour que l'officier vendeur sache la quantité, le nombre et l'espèce des marchandises à vendre (l'article 8 de la loi le rend même responsable de la vente de marchandises neuves qui ne feraient pas partie de celles pour lesquelles l'autorisation a été donnée), il faudra, si l'état détaillé n'est pas placé à la suite de la requête, qu'il soit annexé au jugement.

Le tribunal constatera, dans son jugement, le fait qui donne lieu à la vente, c'est-à-dire la cessation de commerce ou le cas de nécessité sur lequel la requête aura été basée; il indiquera le lieu de son arrondissement où se fera la vente; il pourra même ordonner que les adjudications n'auront lieu que par lots, dont il fixera l'importance.

577. — La loi ne dit pas de quelle manière sera fixée l'importance de ces lots. Toute latitude étant laissée au tribunal sur ce point, il est clair qu'il pourra régler cette importance soit d'après telle valeur en argent, soit d'après telle quantité de marchandises.

La fixation des lots ne doit pas être nécessairement déterminée dans le jugement; c'est une faculté dont les tribunaux peuvent s'abstenir; mais en cas de fixation de lots c'est principalement l'intérêt du vendeur qui doit être pris en considération (1).

578. — Le demandeur peut attaquer, par appel, le

---

(1) Rouen, 5 février 1845, *Journal des Commissaires-Priseurs*, t. 2, p. 215.

chef du jugement qui ordonne que les marchandises seront vendues par lots, et en obtenir la réformation, si ces marchandises ne sont pas susceptibles d'être vendues de cette manière (1).

579. — L'autorisation de vendre aux enchères des marchandises neuves, dans le cas de cessation de commerce, peut n'être accordée qu'à la condition de former des lots d'une valeur déterminée, et le jugement qui prescrit cette obligation ne doit pas être réformé, par cela seul que ce mode de vente ne serait pas aussi avantageux, au commerçant qui se retire, que la vente au détail (2).

580. — Les tribunaux peuvent, selon les circonstances, déterminer le minimum d'importance des lots, soit en argent, soit au poids ou à la mesure (3).

On peut tenir compte également de la nature de la marchandise, et de l'intérêt des acheteurs ainsi que celui des marchands de la localité (4).

Mais le tribunal est-il obligé d'ordonner la vente par lots au-dessus de la portée immédiate des particuliers consommateurs, s'il s'agit de marchandises neuves portées au tableau?

. (1) Bordeaux, 10 février 1845, et Rennes, 29 novembre 1852, *Journal des Commissaires-Priseurs*, 1845, p. 338, et 1853. p. 104.

(2) Bordeaux, 5 mars 1845, *Journal des Commissaires-Priseurs*, 1846, p. 19.

(3) Bordeaux, 9 janvier 1849, *Journal des Commissaires-Priseurs*, 1851, page 345.

(4) Caen, 23 mars 1850, *Journal des Commissaires-Priseurs*, 1850, p. 197.

La discussion qui eut lieu à la Chambre des députés, sur l'article 5, ne le ferait pas supposer ; en effet, M. Lestiboudois ayant demandé qu'on supprimât le paragraphe relatif à la vente par lots et au droit qu'aurait le tribunal d'indiquer dans son arrondissement le lieu où se ferait la vente, le rapporteur de la commission répondait : « Si vous laissez le marchand qui cesse son commerce complétement libre et indépendant de la décision du tribunal, il arrivera que ce marchand, surtout si c'est un marchand en gros, pourra par une vente intempestive bouleverser tout à coup le marché de la place, et faire un tort immense aux marchands sédentaires. Le tribunal de commerce, au contraire, pèsera tout à la fois les intérêts du commerçant qui cesse son commerce, et qui mérite la plus grande faveur, et il cherchera à les concilier avec les intérêts des autres marchands ; et si, par exemple, les marchandises sont susceptibles d'être vendues par lots, sans faire tort à l'un, et de manière à ne pas nuire aux autres, il autorisera cette vente par lots. »

Il résulte bien certainement de la discussion de la loi de 1841, notamment sur l'article 6, que l'on n'a voulu rien changer aux attributions des officiers vendeurs et à la législation des ventes en gros, et qu'il faut respecter le droit ancien tel que la jurisprudence l'avait établi, c'est-à-dire que les marchandises inscrites au tableau ne pourront se vendre que par lots et par le ministère des courtiers (1).

---

(1) Cependant un arrêt de la cour de Caen du 23 mars 1850, *Journal des Commissaires-Priseurs*, 1851, p. 197, a jugé que la vente par lots à la portée des consommateurs peut être ordonnée

583. — Le tribunal de commerce, lorsqu'il autorise, la vente à l'encan de marchandiseses neuves, dans les cas de nécessité, ne peut fixer les honoraires du commissaire-priseur, et par exemple, accorder au commissaire-priseur, pour tous frais et pour la garantie qu'il fournit, six pour cent (1).

Le tribunal, en commettant un commissaire-priseur pour faire une vente de marchandises neuves par suite de cessation de commerce, ne peut non plus obliger cet officier à faire au greffe du tribunal de commerce le dépôt en minute de son procès-verbal de vente (2).

584. — La vente de marchandises neuves pour cause de cessation de commerce ou de nécessité, ne peut être autorisée que par un tribunal de commerce. Ainsi une pareille vente constitue le délit prévu par l'article 7 de la loi du 25 juin 1841, bien qu'elle ait été ordonnée par sentence arbitrale, comme devant être faite aux enchères par le ministère d'un commissaire-priseur; car on ne peut considérer comme vente par autorité de justice celle qui n'est ordonnée qu'à la suite d'une liquidation de société entre personnes majeures et capables de transiger, pour qui la vente à l'amiable était facultative;

---

par suite de cessation de commerce, quoique les marchandises à vendre soient inscrites au tableau, si d'ailleurs il s'agit de fonds de magasin, ou de chantier de bois de construction défectueux qui ne sauraient former des assortiments d'une grande valeur, et s'il est reconnu que des ventes de cette espèce n'ont jamais provoquée de plaintes de la part des marchands de la localité.

(1) *Journal des Commissaires-Priseurs*, t. 1, p. 251, et t. 3, p. 33.

(2) *Journal des Commissaires-Priseurs*, t. 1, p. 251.

ce cas rentre dans celui de cessation de commerce prévu
et réglé par l'article 5 de la loi du 25 juin 1841 (1).

La vente de marchandises neuves ordonnées par sentence arbitrale en suite d'une liquidation de société,
est donc soumise à l'autorisation du tribunal de commerce (2).

582. — Si le commerçant qui, sous prétexte de cessation de commerce, s'est fait autoriser à vendre ses
marchandises neuves aux enchères, n'a réellement pas
cessé ses opérations commerciales, il y a lieu non seulement de lui retirer l'autorisation qui lui a été indû-
ment accordée, mais de le condamner en des dommages-intérêts envers les commerçants sédentaires (3).

583. — D'après une autre disposition de l'article 5
de la loi, « l'autorisation ne pourra être accordée, pour
cause de nécessité, qu'au marchand sédentaire ayant
depuis un an au moins son domicile réel dans l'arrondissement où la vente doit être opérée. »

Ce fut M. Ganneron qui, en faisant introduire par son
amendement dans la loi les cas de nécessité, proposa le
premier la disposition relative au domicile : « Ce qui
cause surtout, disait-il, un préjudice considérable aux
marchands des petites villes, c'est la concurrence im-
prévue de ces enchères de colporteurs qui viennent tout

____

(1) Tribunal correctionnel de la Seine, 12 mai 1843, *Journal
des Commissaires-Priseurs*, t. 1, p. 53.

(2) Cour de Paris, 6 juillet 1843, *Journal des Commissaires-
Priseurs*, 1844, p. 155.

(3) Caen, 31 décembre 1846, *Journal des Commissaires-Priseurs*,
t. 4, p. 133.

à coup encombrer la localité de marchandises défec-
tueuses, enlever les clients, absorber l'argent comptant,
et qui les privent du débit sur lequel ils devaient natu-
rellement compter. »

Mais son amendement portait que le domicile réel
était exigé dans le lieu où la vente serait opérée. Sur
l'observation de M. Legentil que quand un commerçant
demande à vendre aux enchères ses marchandises, à
écouler un vieux fonds, c'est que déjà dans sa clientèle
il ne trouve plus d'acheteurs, c'est qu'il l'a saturée de
tous les articles qu'il avait dans son magasin, on substi-
tua le domicile réel dans l'arrondissement au domicile
réel dans le lieu où se ferait la vente (1).

584. — La loi n'exige l'année de domicile que pour
le cas de nécessité ; cette condition sera-t-elle applicable
au cas de cessation de commerce ?

La loi ne le dit pas, et il semble qu'elle ne pouvait pas
le dire : en effet, il ne fallait pas priver un marchand
colporteur qui cesse son commerce de la faculté de se
défaire de ses marchandises par la voie des enchères ;
cependant n'a-t-on pas à craindre que ce moyen ne faci-
lite la fraude; qui pourra dire que le marchand colporteur ne prend pas prétexte d'une cessation de commerce
pour vendre une grosse partie de marchandises à l'encan, et qu'après l'avoir vendue il n'ira pas continuer le
même commerce dans un autre lieu? — Sans doute la
fraude sera possible, mais il appartiendra aux tribunaux de commerce de la déjouer, puisqu'ils pourront

______

(1) *Moniteur* du 4 avril 1841, p. 884 et 886.

toujours refuser l'autorisation si la cessation de commerce n'est pas bien constatée.

585. — En cas de vente autorisée de marchandises neuves, des affiches apposées à la porte du lieu où se fera la vente énonceront le jugement qui l'aura autorisée.

Les motifs du jugement n'ont pas besoin d'être énoncés dans l'affiche, il est en effet, des circonstances dans lesquelles un commerçant s'adressant au tribunal de commerce, obtiendra très loyalement, très légitimement, l'autorisation de vendre des marchandises aux enchères, et où cependant, il serait véritablement inconvenant qu'on rendît public, qu'on affichât à la porte de son domicile les motifs particuliers tirés des raisons de famille, d'embarras passagers qui l'on déterminé à solliciter une autorisation.

Il suffira donc d'une simple énonciation du jugement, c'est-à-dire de mentionner sur l'affiche que par jugement en date du... la vente a été autorisée.

586. — Il n'est pas nécessaire que le procès-verbal soit dressé de l'apposition des affiches, cela n'est pas exigé par la loi; le décret du 27 avril 1842, et les ordonnances sur l'affiche des jugements qui autorisent les ventes publiques en gros, n'exigent pas non plus de procès-verbal; il n'y a d'ailleurs pas, pour donner la publicité à ces ventes et pour les constater, les motifs impérieux qui existent pour les ventes des biens des mineurs ou pour les ventes forcées (1).

---

(1) *Journal des Commissaires-Priseurs*, t. 4, p. 163.

587. — Le jugement qui autorise un commerçant à faire une vente aux enchères de marchandises neuves doit être motivé. La loi dit, en effet, (article 2) que l'appréciation de la nécessité sera soumise au tribunal de commerce. Si la nécessité doit être examinée, il faut nécessairement que la preuve de cet examen résulte du jugement, c'est-à-dire que le jugement soit motivé. Le tribunal, dit en outre l'article 5, constatera par son jugement le fait qui donne lieu à la vente. C'est le fait qui sert de base à la nécessité ; il est donc dans le vœu de la loi que le jugement soit motivé.

588. — Les tiers intéressés peuvent intervenir au jugement que sollicite un commerçant pour être autorisé à vendre aux enchères des marchandises neuves. Bien que le texte de la loi soit muet sur ce point ; il est certain que le législateur n'a pas voulu priver les tiers du droit qu'ils ont de faire valoir leurs moyens contre les ventes qui portent préjudice à l'exercice de leurs droits ; la cour de cassation a admis le droit d'action en faveur du commerce sédentaire qui se trouve lésé par des ventes illégales ; a dit le rapporteur de la loi de 1841, la commission n'a pas voulu déroger à cette jurisprudence, elle s'en réfère au droit commun. » Il est donc bien constaté, et cela ne pouvait être autrement, que, relativement au droit d'intervention, on doit suivre les règles du droit commun. Déjà plusieurs fois avant la loi du 25 juin 1851, il avait été décidé que les commerçants d'une ville ont individuellement qualité pour s'opposer à une vente de marchandises qui ne serait pas faite dans les conditions de la loi. Si donc ils ont connaissance de la demande, ils peuvent intervenir : c'est en considération

de tout et de chacun que la prohibition a été procla-
mée, leur intérêt est incontestable.

589. — Ainsi, un marchand d'une ville a qualité
pour s'opposer en son nom personnel, aux ventes de
marchandises neuves aux enchères en détail qui se font
dans cette ville.

Les parties qui ont intérêt à ce qu'une pareille vente
n'ait pas lieu, peuvent, en cas d'urgence, s'y opposer
par voie de référé.

A défaut de syndicat des courtiers dans une ville,
chaque courtier a individuellement action pour poursuivre devant les tribunaux les empiètements sur leurs
attributions (1).

590. — Tout négociant a le droit de former tierce-
opposition au jugement qui autorise un autre négociant,
son concurrent, à vendre des marchandises neuves en
détail aux enchères publiques. Mais le commissaire-
priseur chargé de la vente ne peut être appelé par le
tiers-opposant devant le tribunal de commerce (2).

591. — Mais il arrivera le plus souvent que les tiers
intéressés à intervenir, et ce ne seront pas seulement
ies marchands rivaux en industrie, mais les créanciers,
les expédideurs des marchandises qui se verront enlever
leur gage, ne pourront être avertis de la demande ; ils

---

(1) C. Caen, 31 décembre 1829, *Journal des Commissaires-
Priseurs*, 64, p. 154.

(2) Tribunal corrrectionnel de la Seine, 30 août 1853, *Journal
des Commissaires-Priseurs*, 53, p. 106.

ne la connaîtront que par la publicité donnée à la vente, par les annonces, par l'affiche du jugement : alors sera-t-il temps encore d'attaquer l'autorisation accordée, et par quelle voie y parviendra-t-on ? — Une seule voie se présentera, la tierce-opposition.

Le jugement qui accorde l'autorisation de vendre peut être attaqué par tierce-opposition, par tous ceux auxquels il préjudicie, par exemple, par les marchands de la ville où doit se faire la vente (1) ; par les officiers ministériels qui prétendent que les règles de compétence établies entre eux n'ont pas été observées ; ou par les chambres de discipline de ces officiers.

592. — Cependant l'intervention ne serait pas admise de la part des officiers vendeurs, pour cause de concurrence, si, au lieu d'un jugement, il s'agissait d'une ordonnance du président du tribunal civil qui aurait autorisé des héritiers bénéficiaires à vendre des marchandises neuves de la succession ; au moins la cour de Rouen a jugé que la compagnie des commissaires-priseurs de Rouen n'était pas recevable à intervenir dans l'instance engagée sur l'appel que des héritiers bénéficiaires avaient interjeté d'une ordonnance du président du tribunal civil, par laquelle le président s'était déclaré incompétent pour statuer sur les fins d'une requête à lui présentée, à l'effet de nommer un officier public pour pro-

---

(1) Bourges, 17 novembre 1841, *Journal des Commissaires-Priseurs*, t. 1ᵉʳ, p. 91 ; — tribunal de commerce de la Seine, 28 mars 1842 et 26 mars 1845, *Journal des Commissaires-Priseurs*, t. 2, p. 336.

céder à la vente de marchandises neuves dépendant d'une succession bénéficiaire, le juge, lorsqu'il répond à la requête d'une partie, faisant un acte de juridiction gracieuse, et cette réponse ne pouvant, dans aucun cas, avoir contre les tiers l'autorité d'une décision judiciaire (1).

593. — Les parties intéressées qui forment tierce-opposition peuvent demander au tribunal de commerce saisi de la tierce-opposition d'ordonner la suspension de l'exécution du jugement qui a autorisé la vente.

594. — Quant à l'appel, il peut être interjeté par toute partie qui a figuré au jugement (2).

L'appel est recevable de la part même de celui qui a demandé l'autorisation, s'il pense que le mode de vente prescrit par le tribunal lui est préjudiciable (3).

595. — Une autre disposition sur les ventes aux enchères de marchandises neuves ressort de l'article 5 de la loi : « Le tribunal, dit cet article, décidera, d'après les lois et règlements d'attribution, qui, des courtiers ou des commissaires-priseurs ou autres officiers publics, sera chargé de la réception des enchères. »

Cette disposition ne paraît pouvoir donner lieu à aucune difficulté; cependant on peut y rattacher la ques-

---

(1) Rouen, 11 décembre 1845, *Journal des Commissaires-Priseurs*, t. 6, p. 97.

(2) Rouen, 5 février 1845, *Journal des Commissaires-Priseurs*, t. 2, p. 215; Bordeaux, 11 juillet 1848, t. 6, p. 53.

(3) Bordeaux, 10 février 1845, *Journal des Commissaires-Priseurs*, t. 2, p. 338.

tion de savoir si le tribunal peut, en cas de cessation de commerce, ou lorsqu'il constate la nécessité prévue par la loi, autoriser à vendre en détail ou par lots à la portée des consommateurs, les marchandises inscrites au tableau, et, par suite, enlever aux courtiers la vente de ces marchandises.

On peut se demander encore si le tribunal qui, en désignant la classe des officiers qui recevront les enchères, est obligé de se conformer aux lois d'attribution, aura la liberté du choix lorsque plusieurs classes pourront indifféremment procéder à la vente, par exemple, lorsque l'absence d'un commissaire-priseur permettra de choisir entre les notaires, les greffiers et les huissiers ? — Un député, M. Gillon, avait paru croire que dans ce dernier cas le choix serait laissé au tribunal, puisqu'il déclarait « blâmer le droit dont on voulait investir le tribunal de commerce de désigner lui-même la classe dans laquelle le commerçant choisirait l'officier ministériel, ce qui ne serait propre qu'à susciter à ce tribunal les rancunes des classes préférées. »

Aucune réponse ne fut faite à M. Gillon sur ce point; nous ne savons donc qu'elle était la pensée du gouvernement ou de la commission ; mais il est permis de croire que le droit accordé au tribunal de commerce ne consiste qu'à décider entre « les courtiers, les commissaires-priseurs et les autres officiers publics; » ce sont les termes de la loi; c'est-à-dire que le tribunal dira si la vente appartient aux courtiers, d'après sa nature; aux commissaires-priseurs, d'après leur résidence; mais si aucune de ces deux classes n'est privilégiée, le tribunal ne spécifiera pas laquelle on devra choisir parmi les

classes en concurrence, car il doit prononcer d'après les
lois et règlements d'attribution, et les lois et règlements
d'attribution n'établissent entre les autres officiers vendeurs aucune préférence.

DE LA VENTE EN GROS DES MARCHANDISES NEUVES

596.— L'article 10 de la loi du 25 juin 1841 porte que
dans les lieux où il n'y aura point de courtiers de commerce, les commissaires-priseurs, les notaires, huissiers
et greffiers de justice de paix feront les ventes de marchandises en gros, selon les droits qui leur sont respectivement attribués par les lois et règlements, et qu'ils
seront, pour lesdites ventes, soumis aux formes, conditions et tarifs imposés aux courtiers. Nous devons donc
consacrer ici quelques lignes à ces sortes de ventes.

597. — Le législateur n'a pas déterminé d'une façon
précise, pour chaque sorte de marchandises, ce qu'il
fallait entendre par une vente en gros. La loi du 28 mai
1858 (1) n'a pas fixé le minimum des lots pouvant être
mis en vente; mais un décret du 30 mai 1863 décide
(article 25) que les lots ne peuvent être, en principe,
au-dessous de 500 fr., en laissant toutefois au ministre
du commerce la faculté d'abaisser ce minimum pour
certaines classes de marchandises. Un arrêté ministériel
du même jour a fixé le minimum des lotissements pour
les différentes marchandises inscrites sur le tableau

___

(1) Voir le texte de la loi de 1858 dans le *Journal des Commissaires-Priseurs*, 1858, p. 60.

annexé au décret (1). Rappelons, en outre, que lorsqu'il s'agit d'une vente de marchandises, autorisée ou ordonnée par justice, le tribunal est maître de fixer la valeur et la composition des lots et d'abaisser le lotissement (2).

598. — On sait que la loi de 1858 a supprimé la nécessité de l'autorisation préalable du tribunal de commerce pour la vente volontaire aux enchères de marchandises neuves; mais l'inscription au tableau est indispensable pour que les marchandises puissent être vendues sans autorisation préalable. Peu importe que les marchandises à vendre ne dépendent pas, en fait, d'un commerce déterminé; du moment qu'elles sont portées au tableau, la vente volontaire de ces marchandises peut être faite sans autorisation (3).

599. — Les tableaux comprenant la nomenclature des marchandises neuves pouvant être vendues publiquement aux enchères, sans autorisation préalable, ont subi de fréquentes modifications. Mais la nomenclature

---

(1) Voir le décret de 1863 et le tableau annexé dans le *Journal des Commissaires-priseurs*, 1863, p. 58 à 68.

(2) Le tribunal a tout pouvoir à cet égard et quel que soit le peu de valeur qu'il fixe pour chaque lot, on ne peut soutenir que la vente est devenue par là même une véritable vente au détail. (Rennes, 15 avril 1861).

Dans l'espèce, le tribunal avait autorisé la vente de vins d'Espagne par lots de vingt-cinq bouteilles.

(3) Un arrêt de Cassation du 11 février 1883, a ainsi pu admettre la vente sans autorisation préalable de lots de vieux cuivres, de vieux fers et de vieux cordages provenant de réparations faites à un navire hors de service.

du 30 mai 1863 a remplacé tous les tableaux antérieurs et c'est elle seule qu'il faut consulter aujourd'hui.

NOMENCLATURE DES MARCHANDISES

Qui peuvent être vendues en gros aux enchères publiques et minimum de la valeur des lotissements.

Abaca, 300. — Absinthe en balles, 100. — Acide arsénieux, 300. — Acide benzoïque, 500. — Acide borique, 300. — Acide citrique, 500. — Acide hydrochlorique, 300. — Acide hydrochloro-nitrique, 300. — Acide nitrique, 300. — Acide oléique, oxalique, 300. — Acide phosphorique, 300. — Acide stéarique en masse, 300. — Acide stéarique ouvré, 300. — Acide sulfurique, 300. — Acide tartrique, 300. — Agates brutes, 100. — Agates ouvrées, 100.— Agaric, 100.— Agrès et apparaux de navires, 200. — Ail, 100. — Albâtre, 100. — Alcalis, cendres végétales, 300. — Alcool et spiritueux de toute espèce, 300. — Alizari, 300. — Aloès, 100. — Alpiste, 100. — Alquifoux, 100. — Alun, 100. — Amadou, 100. — Amandes, 100. — Ambre, 200. — Ambrette, 100. — Amidon, 100. — Amones, 100. — Ammoniaque, 100. — Amurca, 100. — Anchois, 100. — Ancres, 100. — Anis, 100. — Anisette, 100. — Antimoine, 300. — Arachides, 300. — Ardoises, 100. — Argent non ouvré, 500. — Argile, 100. — Aristoloche, 100. — Arrow-root, 100. — Arséniate de potasse, 100. — Arsenic, 100. — Asphalte, 200. — Aspic, 100. — Assa fœtida, 100. — Avelanèdes, 100. — Avoines, 300. — Azur, 100. — Bablah, 100. — Badiane, 100. — Baies de genièvre, 100. — Baies de laurier, 100. — Bambou, 100. — Barille ou soude, 300. — Basane, 200. — Bastin brut, 200. — Baume, 100. — Benjoin, 100. — Bestiaux et autres animaux vivants, 100. — Betterave, 300. — Beurre, 100. — Bière, 200. — Biscuits, 100. — Bismuth, 100. — Bitume, 200. — Blanc de baleine et de cachalot, 300. — Blanc d'Espagne, 100. — Blanc de zinc, 100. — Blé, 300. — Bleu de Prusse, 100. — Bœuf salé, 100. — Bois à brûler, 300. — Bois de construction de toute sorte, 300. —

Bois d'ébénisterie, 300. — Bois de teinture, 300. — Bois en éclisses, 100. — Bois feuillard, 300. — Bois odorant, 100. — Borax, 300. — Bouchons de liége, 200. — Bourre ou poils d'animaux, 100. — Bourre de soie en balles, 300. — Boyaux frais et salés, 100. — Brai gras ou sec, 300. — Briques de toute espèce, 100. — Bronze non ouvré, 300. — Brou de noix, 100. — Cabillaud, 100. — Câbles et grelins, 200. — Cacao, 500. — Cachemires de l'Inde, par 4 châles. — Cachou en masse, 300. — Cadmium brut, 100. — Café, 500. — Camphre, 100. — Canéfice ou casse, 100. — Canelle, 100. — Cantharides, 100. — Caoutchouc non ouvré, 300. — Câpres en barils, 100. — Carbonates, 300. — Cardamone, 100. — Caret, 100. — Carreaux, 100. — Cascarille, 100. — Carmen, 200. — Carthame (fleur de), 100. — Cassave, 100. — Cassia, 100. — Cauris, 100. — Cendres et regrets d'orfèvre, 300. — Cendres bleues ou vertes, 300. — Céruse, 100. — Champignons, 100. — Chanvre, 300. — Chapeaux de fibres de palmier, 200. — Chapeaux de paille, d'écorce et de sparte, 200. — Charbons de bois et de chènevottes, 300. — Chardons cardères, 200. — Châtaignes, 100. — Chaux, 100. — Chènevis, 100. — Cheveux non ouvrés, 100. — Chiendent en balles, 100. — Chiffons en balles, 300. — Chromate de plomb et de potasse, 500. — Cidre, 200. — Ciment, 100. — Cinabre, 100. — Cire non ouvrée, 300. — Civette, 100. — Citrons, 100. — Coaltar, 200. — Cobalt, 300. — Cochenille, 300. — Cocos, 100. — Coke, 200. — Colle de poisson, 100. — Colle-forte, 100. — Coloquinte, 100. — Colza, 300. — Confitures, 100. — Conserves alimentaires, 100. — Coquillages, 100. — Corail, 500. — Coriandc, 100. — Cornes de bœuf et de buffle, 300. — Cornes de cerf, 100. — Coton, 500. — Couleurs non dénommées, 100. — Couperose, 100. — Craie, 100. — Crème de tartre, 100. — Crins non ouvrés, 300. — Cristal de roche, 300. — Cubèbe, 100. — Cuirs bruts ou apprêtés, 300. — Cuivre non ouvré, 300. — Cumin, 100. — Curcuma, 300. — Dattes, 100. — Dégras de peaux, 200. — Dents d'éléphant, d'hippopotame, 300. — Derle, 100. — Dibidivi, 100. — Drilles, 300. — Eaux minérales, 100. — Eaux-de-vie (Voir Alcools et spiritueux de toute espèce). — Ecailles d'ablette, 100. — Ecailles de|tortue, 300. — Échalas, 100. — Ecorces à tan, 300. — Écorces autres de toute sorte, 100. — Edredon, 300. — Ellébore, (racine d'), 100. — Émeri, 100. — Embarcations et canots, 100. — Encens, 100. — Engrais de toute sorte, 100. — Éponges, 300. — Esprit-de-vin (Voir Alcool, etc). Essence de parfumerie, 200. — Essence de térébenthine, 100. — Étain non ouvré, 300. — Étoupes de cordages, 200. — Euphorbe, 100. — Extrait de sumac liquide, 100. — Fanons de baleine, 300.— Farine, 300. — Fèces d'huile, 100. — Fécule de pommes de terre, 300. — Fenouil, 100. — Fer non ouvré, fer en massiaux ou en barres, 300. — Feuilles de laurier, 100. — Feuilles médicinales, 100. — Feuilles tinctoriales non dénommées, 100. — Feutre à doublage, 200. — Fèves, 100. — Féveroles, 100.— Figues, 100. — Filasse, 300. — Filets de pêche, 100. — Fleurs de cannelle, 100. — Fleurs de lavande, 100. — Fleurs médicinales, 100. — Fleurs de tilleul et de tamarin, 100. — Fleur de soufre, 100.— Follicules, 100. — Foin, 300.— Fonte brute, 200. — Fromages, 100. — Froment, 300. — Fruits frais ou secs, confits ou tapés de toute espèce, 100. — Galanga, 100. — Galbanum, 100. — Galipot, 100. — Galle (noix de), 100. — Gambier de l'Inde, 100. — Garance, 300. — Garancine, 500. — Garou (racine de), 100. — Gaude, 100. — Gélatine, 100. — Génestrolle ou genêt des teinturiers, 100. — Genevièvre (graine de), 100. — Gentiane, 100. — Gingembre, 100. — Ginseng, 100. — Girofle (clous de), 200. — Girofle (griffes de), 100. — Gomme ammoniaque, 300. — Gomme d'Arabie, 300. — Gomme copal, 300. — Gomme élastique, 300. — Gomme gutte, 100. — Gomme laque, 100. — Gomme de sandaraque, 100. — Goudron, 300. — Gousses tinctoriales, 100. — Grabeau de séné et de cochenille, 200. — Graines de toute espèce, 300. — Grainettes, 100. — Grains, 300. — Grains de verre ou rassade, 100. — Grains durs à tailler, 100. — Graisse de toute espèce, 200. — Graphite, 100. — Grapins, 100. — Groisil, 100. — Gruau, 300. — Guano, 100. — Guède, 100. — Gutta-percha, 200. — Harengs salés et saurs, 100. — Haricots secs, 100. — Herbes médicinales vertes ou sèches, 100. — Houblon, 300. — Houille, 200. — Huile de toute espèce, 300. — Indigo, 500. — Iode, iodure de potassium, 100. — Ipecacuanha, 100. — Iris, 100. — Itztle, 300. — Ivoire, 300. — Jais, 100. — Jalap, 100. — Jambon, 100. — Jarosse, 100. — Jaune de chrome, 100. — Jaune de Naples, 100. — Joncs, 100. — Jujubes, 100. — Jus de citron, 100. — Jus de réglisse, 100. — Jute, 300. — Kaolin, 500. — Kermès, 100. — Lac-dye, 300. — Laines en suint ou lavées, 500. — Langues de bœuf, 100. — Langues et noves de morues, 100. — Laque plate, 100. — Lard, 100. — Latanier, 100. — Lattes, 100. — Laudadum, 100. — Lauriers pour cannes, 100. — Légumes secs ou confits, 100. — Lentilles, 100. — Levure de bière ou levain, 100. — Lichens de toute espèce, 100. — Lie d'huile ou de vin, 100. — Liège, 200. — Lin, 500. — Liqueurs, 300. — Litharge, 100. — Lycopodium, 100. — Macaroni, 100. — Macis, 100. — Magnésie, 100. — Maïs, 300. — Manganèse, 300. — Maniguettes, 100. — Manioc (farine de), 300. — Manne, 100. — Maquereau salé, 100. — Marbre brut, 100. — Marc d'huile, 100. — Marc de raisin, 100. — Marne, 100. — Marrons, 100. — Mastic en larmes, 100. — Matériaux propres à la construction non dénommés, 100. — Mâture, 300. — Maurelle, 100. — Mélasse, 300. — Mercure, 500. — Merrains, 300. — Métaux bruts non dénommés, 300. — Métaux précieux, 500. — Meules, 100. — Miel, 100. — Mil (graine de), 100. — Mine de plomb, 100. — Minerai, 300. — Minium, 300. — Mitraille, 100. — Momie, 100. — Morfil, 100. — Morue et autres poissons salés, 100. — Mousse, 100. — Moutarde, 100. — Musc, 100. — Muscade, 100. — Myrobolans, 100. — Myrrhe, 100. — Nacre, 200. — Natron, 300. — Nattes, 100. — Navires et autres bâtiments, 500. — Nerfs de bœufs et d'autres animaux, 100. — Nerprun, 100. — Nickel métallique non ouvré, 200. — Nitrate de potasse et de soude, 300. — Noir de fumée, 100. — Noir animal et résidus de raffinerie, 100. — Noix et noisettes, 100. — Noix vomiques, 100. — Noyaux cassés, 100. — Objets de collection hors de commerce, 100. — Ocre, 100. — Œufs, 100. — Oignons de toute sorte, 100. — Olives, 100. — Onglons, 200. — Opium, 200. — Or, 500. — Oranges, 100. — Orangettes, 100. — Orcanette, 100. — Oreillons et rognures de peaux, 100. — Orge, 300. — Orpiment, 100. — Orseille, 300. — Orties de Chine, 100. — Os et sabots de bétail, 200. — Osier en bottes, 100. — Outremer, 300. — Oxalate acide de potasse, 300. — Paille, 300. — Parchemin, 100. — Pastel (feuilles et tiges), 100. — Pastel (pâte de), 200. — Pâtes d'Italie, 100. — Pavés, 100. — Peaux brutes, fraîches ou sèches, 300. — Pelleteries fines, 300. — Pelures de cacao, 300. — Perches, 100. — Perlasse, 200. — Perles fines de toute pêche, 500. — Phormium tenax, 300. — Pierre servant aux arts et métiers, 100. — Pierres précieuses brutes, 500. — Piment, 100. — Pistaches, 100. — Pite, 100. — Planches de sapin, 300. — Plantes alcalines, 100. — Plants d'arbres, 100. — Plâtre, 100. — Plomb non ouvré, 300. — Plombagine, 100. — Plumes d'oie, 100. — Plumes à lit, de parure et autres, 300. — Poils d'animaux, 300. — Poires sèches ou vertes, 100. — Pois, 100. — Poissons salés (Voir Morue). — Poivre, 100. — Poix, 100. — Pommes de terre, 100. — Pommes vertes et sèches, 100. — Porc salé, 100. — Potasse, 200. — Potin, 300. — Poudre de marbre, 100. — Poudrette sèche, 100. — Poutres et poutrelles, 300. — Pouzzolane, 100. — Produits chimiques non dénommés, 300. — Produits tinctoriaux non dénommés, 300. — Prunes vertes et sèches, 100. — Prussiate de potasse non cristallisé, 500. — Quercitron, 300. — Queues de girofle, 100. — Quinquina (écorces de), 100. — Racines médicinales et autres, 100. — Raisins verts et secs de toute espèce, 100. — Rassades, 100. — Ratafia, 300. — Redoul en feuilles, 100. — Résidu de raffinerie (Voir Noir animal). — Résine, 300. — Rhubarbe, 100. — Rhum, 300. — Riz, 300. — Rocou, 300. — Rognures de papier, 300. — Rogues de morue, 100. — Roseaux, 100. — Rotins, 100. — Sables, 100. — Safran, 100. — Safranum, 100. — Sagou, 100. — Saindoux, 100. — Salep, 100. — Salpêtre, 300. — Salsepareille, 100. — Sandaraque, 100. — Sang-dragon, 100. — Sanguine, 100. — Sarcocolle, 300. — Sardines, 100. — Sarrasin, 300. — Saumon confit, 100. — Savons, 300. — Scammonée, 100. — Scille, 100. — Seigle, 300. — Sel, 100. — Sel ammoniacal, 300. — Sel de cobalt, 300. — Sel médicinal de Kreutznach, 100. — Soie écrue ou grège, 500. — Soies d'animaux, 300. — Solives, 300. — Son, 200. — Soude, 200. — Soufre, 100. — Spiritueux (Voir Alcool). — Squine, 100. — Stéarine, 300. — Stil de grun, 100. — Stockfish, 100. — Storax, 100. — Suc de réglisse, 100. — Succin, 200. — Sucre brut et raffiné, 500. — Suif, 300. — Sulfate de baryte, 300. — Sulfate de cuivre, 300. — Sulfate de fer, 300. — Sulfate de magnésie, 300. — Sulfate de potasse, 300. — Sulfate de soude, 300. — Sulfate de zinc, 300. — Sulfures d'arsenic et de mercure, 300. — Sumac, 300. — Tabacs en feuilles et en côtes, 500. — Tafia, 300. — Talc, 100. — Tamarins confits, 100. — Tan, 300. — Tapioca, 100. — Tartrates divers, 100. — Tartre, 100. — Térébenthine, 100. — Terre d'ombre ou de Sienne, 100. — Terre de pipe et à poterie, 100. — Terres pyriteuses, dites cendres noires, 100. — Thé, 300. — Thon, 100. — Tiges de millet pour balais, 100. — Tourbes ou mottes à brûler, 100. — Tournesol, 100. — Tourteaux de graines, 100. — Tripoli, 100. — Truffes, 100. — Tuiles, 100. — Turbitte, 100. — Vanille, 500. — Verdet ou vert-de-gris, 100. — Vermillon, 300. — Vernis, 200. — Vesces, 300. — Vessies de poissons et autres, 100. — Vétivier, 100. — Viandes fumées et salées, 100. — Vif argent, 500. — Vins de toute sorte, 300. — Zinc non ouvré, 200.

600. — Le décret du 30 mai 1863 (article 1er) autorise en outre la vente de « toutes les *marchandises exotiques* quelconques destinées à la réexportation. » Ainsi, toutes marchandises quelle qu'en soit la valeur ou la nature, qui vient de l'étranger et qui doit être réexporté, peut être vendu aux enchères publiques, pourvu qu'il s'agisse d'une vente en gros.

601. — Lorsque les commisaires-priseurs ou autres officiers publics procèdent, en l'absence de courtiers, à la vente des marchandises neuves en gros, ils doivent observer les mêmes formalités que les courtiers. Ces formalités sont nombreuses et doivent être ponctuellement observées.

602. — Aux termes de l'article 2 de la loi du 28 plu-

viôse an VII, non abrogée sur ce point, on devra faire,
avant la vente, une déclaration sur timbre au bureau de
l'enregistrement du lieu dans lequel il doit y être procédé. Là vente sera annoncée par voie d'affiches et d'insertion dans les journaux; l'annonce contiendra notamment la nature et la quantité des marchandises mises en
vente et sera faite trois jours au moins avant la vente.

603. — L'exposition préalable des marchandises est
une formalité essentielle. Deux jours au moins avant la
vente les marchandises doivent être exposées et le public
est admis à les examiner et vérifier : toutes facilités,
ajoute le décret du 12 mars 1859, doivent lui être données à cet égard. L'omission de cette formalité entraînerait la nullité de la vente, et cette nullité, étant d'ordre
public, pourrait être relevée et prononcée d'office par
les tribunaux (1).

604. — Par dérogation à cette disposition réglemen-
taire, le décret du 30 mai 1863 dispose (article 21) que
le président du tribunal de commerce du lieu de la
vente peut, sur requête motivée, accorder dispense de
l'exposition, lorsqu'il s'agit de marchandises qui, à
cause de leur nature ou de leur état d'avarie, ne pourraient y être soumises sans inconvénient. Ce magistrat
est seul juge de la question de savoir s'il doit ou non

---

(1) Consulter en ce sens un arrêt de Paris du 10 août 1861,
Journal des Commissaires-Priseurs, 1862, p. 92 ; — Bordeaux,
13 juin 1873.

On trouvera également dans le *Journal des Commissaires-Priseurs*, 1859, p. 89, le texte du décret du 12 mars 1859 et la circulaire
ministériel du 18 avril suivant sur les ventes publiques volontaires
de marchandises en gros.

accorder la dispense demandée. En tous cas, des mesures doivent être prises pour que le public puisse examiner les marchandises avant la vente.

605. — Les marchandises à vendre sont mises par
lots. Le minimum de ces lots est, en principe, de
500 fr., quand leur valeur ne se trouve pas fixée dans
l'arrêté ministériel du 30 mai 1863, que nous avons
reproduit plus haut.

Si les marchandises sont avariées, les lots peuvent
être faits à une valeur au-dessous du minimum fixé;
mais il faut, dans ce cas, une autorisation spéciale donnée sur requête par le président du tribunal de commerce du lieu de la vente, qui peut toujours désigner
un expert pour faire constater l'avarie.

Exceptionnellement, lorsque les marchandises sont
en grenier ou en chantier, la formation des lots est
purement facultative.

Enfin, s'il s'agit de marchandises non portées au tableau, le tribunal de commerce qui autorise la vente
est souverain appréciateur de la composition et de la
valeur des lots; il les détermine donc et la vente est
faite conformémént à cette détermination.

606. — Après la formation des lots, s'il y a lieu, et
avant la vente, il doit être dressé, par les soins de l'officier vendeur qui le signe, un catalogue des denrées et
marchandises mises en ventes. Ce catalogue, mis à la
disposition du public, doit énoncer les marques, numéros, nature et quantité de chaque lot de marchandises,
les magasins où elles sont déposées, les jours et les
heures où elles peuvent être examinées, et le lieu, le

jour et les heures où elles seront vendues (décret du 12 mars 1859).

Le catalogue mentionnne également les époques de livraisons, les conditions de paiement, les tares, avaries et toutes les autres indications et conditions qui doivent être la base et la règle du contrat entre les vendeurs et les acheteurs, notamment le jugement qui a autorisé et ordonné la vente, s'il ne s'agit pas d'une vente purement volontaire.

S'il n'est pas formé de lots de marchandises, comme cela peut se faire dans les cas signalés plus haut, le catalogue l'indique, en spécifiant la cause qui a empêché le lotissement et la manière dont la livraison sera opérée.

607. — C'est sur le catalogue ainsi dressé, que l'officier vendeur inscrit, au moment de l'adjudication, et en regard de chaque lot, les noms et domicile de l'acheteur, ainsi que le prix d'adjudication.

VENTE SUR PROTÊT DE WARRANT

608. — Il est encore une vente spéciale qui est dans les attributions exclusives des courtiers (1), mais que

---

(1) L'article 7 de la loi du 28 mai 1858 (Voir le texte de cette loi dans le *Journal des Commissaires-Priseurs*) dit, en effet, que lorsque le porteur du warrant fait vendre la marchandise, il doit être procédé à cette vente dans la forme et par les officiers publics indiqués dans la loi du 28 mai 1858 ; or, les courtiers sont les seuls officiers publics indiqués dans cette loi.

es commissaires-priseurs ou autres officiers vendeurs peuvent être appelés à faire en l'absence de courtiers; nous voulons parler de la vente sur protêt de warrant.

609. — On appelle *warrant* le bulletin de gage annexé au récépissé qui constate un dépôt de marchandises dans un magasin général, et dont l'endossement, séparé du récépissé, confère un droit de nantissement sur la marchandise déposée. Dès lors, si le propriétaire de la marchandise a besoin d'argent, il lui suffit d'endosser, selon les cas, le warrant ou le récépissé à l'ordre du prêteur auquel il veut en transférer la propriété.

610. — La loi du 28 mai 1858 sur les magasins généraux énumère les différentes énonciations que doivent contenir le récépissé et le warrant; il suffit pour s'en rendre compte, de se reporter au texte (1).

Si, à l'échéance, la somme garantie par la marchandise déposée n'est pas payée il y a lieu de faire dresser le protêt de warrant et de procéder à la vente de cette marchandise.

611. — La vente sur protêt de warrant est spécialement réglementée par l'article 7 de la loi de 1858. A défaut de paiement, dit cet article, le porteur du warrant séparé du récépissé, peut, huit jours après le protêt, et sans aucune formalité de justice, faire procéder à la vente publique aux enchères et en gros de la mar-

---

(1) Voir le texte de cette loi dans le *Journal des Commissaires-Priseurs,* 1858, p. 60.

chandise engagée. Dans le cas où le souscripteur primitif du warrant l'a remboursé, il peut faire procéder à la vente de la marchandise, comme il vient d'être dit, contre le porteur du récépissé, huit jours après l'échéance et sans qu'il soit besoin d'aucune mise en demeure.

Le délai de huitaine qui doit s'écouler entre la signification du protêt et la vente est un délai minimum, il peut être augmenté d'un commun accord entre les parties.

Faute par l'adjudicataire de payer le prix dans les délais fixés, la marchandise est revendue à la folle enchère à ses risques et périls, trois jours après la sommation qui lui a été faite, et sans qu'il soit besoin de jugement (article 27 du décret du 12 mars 1859).

612. — Pour les ventes après protêt de warrant, de nantissement ou de gage constitués en n'importe quelle marchandise, le minimum des lots est fixé à 100 fr. En cas de vente autorisée ou ordonnée par justice, le tribunal peut même autoriser la formation des lots d'une valeur inférieure.

PÉNALITÉS ENCOURUES PAR LES COMMISSAIRES-PRISEURS QUI VENDENT DES MARCHANDISES NEUVES.

613. — Le commissaire-priseur qui, hors les cas prévus par la loi (1), procède à une vente publique de marchandi-

---

(1) « Les ventes aux enchères. disait M. Quesnault dans son rapport (*Moniteur* du 20 mars 1841, p. 694), qui seraient faites en contravention aux lois, règlements et ordonnances sur les *ventes*

ses neuves, commet une contravention réprimée par l'article 7 de la loi du 25 juin 1841. « Toute contravention aux dispositions ci-dessus, dit cet article, sera punie de la confiscation des marchandises mises en vente, et, en outre, d'une amende de 50 à 300 fr., qui sera prononcée solidairement, tant contre le vendeur que contre l'officier public qui l'aura assisté, sans préjudice des dommages-intérêts s'il y a lieu. Ces condamnations seront prononcées par les tribunaux correctionnels. »

614. — Le tribunal correctionnel est le seul compétent pour punir le délit de vente publique de marchandises neuves hors les cas prévus par la loi. Comme, sous l'ancienne législation, ce délit n'était pas prévu, ceux qui voulaient s'opposer à ces sortes de ventes ou réclamer des dommages-intérêts pour les objets vendus, appelaient devant le tribunal civil et intentaient une action civile ordinaire ; aujourd'hui, l'on pourra nécessairement citer directement les délinquants devant le tribunal correctionnel, aux termes de l'article 182 du code d'instruction criminelle (1).

------

de marchandises en gros et qui rentreraient ainsi dans la classe des ventes prohibées, donneraient lieu à l'application des mêmes peines. »

(1) Voici comment s'exprimait à cet égard M. le garde des sceaux lorsqu'il apporta à la Chambre des députés le projet de loi :

« L'article 6 (aujourd'hui article 7) indique de quelles peines seront punies les contraventions. Nous avons pensé qu'il ne fallait ni, comme dans l'ancien projet, dire que les condamnations seront prononcées sur la poursuite du ministère public, ni ajouter

Les principes généraux du droit servent ici d'unique règle, c'est-à-dire que si les poursuites ont lieu de la part du ministère public, le tribunal correctionnel sera seul compétent; quant à la partie civile, elle pourra exercer son action, soit en citant directement devant le tribunal correctionnel, si la vente faite hors les cas prévus porte atteinte à ses droits, soit assigner devant un tribunal civil pour obtenir des dommages-intérêts par action purement civile.

615. — Quel sens doit-on attacher à ces mots : « Sera punie de la confiscation des marchandises mises en vente? »

Il faut qu'on sache bien ce que les mots *mises en vente* ont pour but d'exprimer. « La confiscation doit atteindre, dit M. Hébert dans ses rapports de 1839 et de 1840, non-seulement chacun des articles soumis actuellement aux enchères, mais encore toutes les marchandises *rassemblées dans le local de la vente,* et destinées à être vendues de cette manière. C'est ce que les mots *mises en vente* ont pour but d'indiquer. »

« Au contraire, dans le rapport présenté en 1841 par M. Quesnault, il est dit : « La confiscation doit atteindre tous les objets du délit, c'est-à-dire toutes les marchandises *exposées en vente* contrairement aux défenses de la loi. »

---

avec votre commission, *ou de toutes parties intéressées.* Les principes généraux du droit criminel doivent conserver ici toute leur autorité et régler seuls l'exercice de l'action publique et de l'action civile. (*Moniteur* du 25 février 1841, p. 462.)

Ainsi, dans la pensée des commissions antérieures, la confiscation devait atteindre non-seulement chacune des marchandises offertes en vente au public par la voie des enchères, au moment de la constatation du délit, mais encore toute la partie du magasin rassemblée dans le local de la vente, quoique actuellement soustraite aux regards de l'amateur, et mise hors de sa portée, tout ce qui serait caché par exemple derrière un paravent ou un rideau, et destiné dans la pensée du marchand à alimenter la vente du lendemain et des jours suivants. Au contraire, la commission qui a élaboré l'article 7 de la loi du 25 juin 1841, a restreint la confiscation aux objets du délit proprement dit. Ainsi, un commerçant qui a renoncé à son négoce aura obtenu du tribunal de commmerce l'autorisation de vendre publiquement et par enchères les marchandises qui étaient l'objet de l'industrie par lui délaissée; il aura joint à sa requête un état détaillé des marchandises qu'il veut vendre, mais au milieu de ces marchandises il en a introduit d'autres qui n'étaient pas comprises dans l'état qu'il a fourni; la confiscation atteindra ces dernières, celles-là seulement qui auraient été vendues au mépris des défenses de la loi, et sans autorisation préalable de la justice. Ainsi encore, un marchand colporteur aura sciemment introduit dans une vente à prix fixe proclamé d'objets de menue mercerie, des marchandises qui, en bonne conscience, ne devaient pas être vendues de cette manière, la boutique tout entière de ce petit étalagiste ne sera pas confisquée; la confiscation ne portera que sur l'objet seul du délit, sur les articles seulement qui, ne pouvant être considérés comme de la menue mercerie, auront été mis frauduleusement aux enchères, ou vendus à prix proclamés. Ainsi encore, dans une vente faite par suite de saisie-exécution après décès ou par autorité de justice, un commissaire-priseur ou autre officier public aura glissé furtivement des marchandises neuves ne faisant pas partie du fonds ou mobilier mis en vente. Dans ce cas, la confiscation ne s'étendra pas, soit à ce fonds, soit à ce mobilier, mais elle frappera seulement les marchandises qui auront été vendues en dehors et contrairement aux défenses de la loi (1).

616. — Le fait d'avoir exposé des marchandises neuves dans le lieu où se faisait la vente à la criée de marchandises rafraîchies, ne peut constituer une contravention à la loi de 1841, s'il n'est pas établi que les marchandises réellement neuves, exposées, ont été l'objet du mode de vente prohibé (2).

Il ne faudrait pas cependant que l'exposition eût eu pour but la vente des marchandises; à notre avis, le législateur a voulu atteindre le fait de la simple exposition en vente, avec intention démontrée par les circonstances concomittantes, de vendre aux enchères publiques (3).

---

(1) Consulter sur ce point le rapport de M. Quesnault au *Moniteur* du 9 avril 1841, p. 932.

(2) Amiens, 23 avril 1850, *Journal Comissaires-Priseurs*, t. 6, p. 190.

(3) Voir dans le *Journal des Commissaires-Priseurs* t. 1, p ,79, un arrêt de Paris du 26 mai 1842 dans une espèce ou aucune adjudication n'avait encore été prononcée, l'officier vendeur, empêché par l'apparition d'un commissaire de police, n'ayant pu continuer la vente qu'il avait déjà commencée, sans que toutefois aucune enchère fut encore venue couvrir la mise à prix.

617. — Mais pour que le délit soit consommé, et qu'il y ait lieu à l'application de la peine, il ne suffit pas que, par affiches ou annonces, une vente de marchandises neuves ait été indiquée pour tel jour, si, au jour fixé, l'enlèvement même furtif des marchandises de la part du propriétaire, le vendeur en a empêché la vente (1).

618. — La confiscation frapperait-elle les marchandises, instrument du délit, même après que la vente aurait été consommée, et qu'elles seraient déjà passées en la possession de l'acquéreur?

Nous croyons qu'il faudrait excepter les marchandises qui auraient été achetées de bonne foi, dont il aurait été pris livraison et qui auraient été payées. Sans doute l'acheteur peut vérifier par l'affiche obligatoire, si les formalités pour parvenir à la vente ont été remplies ; mais ne serait-il pas trop rigoureux de le frapper, pour défaut de cette vérification, de la restitution des marchandises par lui payées ; ce serait le punir comme ayant participé au délit, et l'article 7 de la loi ne comprend dans la culpabilité que le vendeur et l'officier vendeur. Les ventes, soit en gros, soit en détail, ne sont pas frappées de nullité, encore bien que l'autorisation n'ait pas été obtenue ; la loi se borne à édicter des peines pécuniaires pour l'inobservation des règles qu'elle trace, et ne prononce pas cette nullité.

619. — L'article 7 de la loi du 25 juin 1841 a,

____

(1) Voir à ce sujet une espèce rapportée dans le *Journal des Commissaires-priseurs*, t. IV, p. 24.

comme on l'a vu, fixé le minimum et le maximum de l'amende. Le minimum ne peut être abaissé; l'article 463 du code pénal ne s'appliquerait pas en cette matière.

620. — La solidarité prononcée par le même article contre le vendeur et l'officier public s'applique non-seulement à l'amende, mais aussi aux dommages-intérêts et aux dépens. Au surplus, cet article ne dérogeant pas au droit commun, il s'ensuit que, conformément à l'article 1214 du code civil, celui des deux condamnés qui a acquitté intégralement le montant de la condamnation, a le droit d'en réclamer la moitié contre l'autre.

621. — La loi du 25 juin 1841 comprend encore une disposition pénale : « Seront passibles des mêmes peines, dit l'article 8, les vendeurs ou officiers publics qui comprendraient sciemment dans les ventes faites par autorité de justice, sur saisie, après décès, faillite, cessation de commerce, ou dans les autres cas de nécessité prévus par l'article 2 de la présente loi, des marchandises neuves ne faisant pas partie du fonds ou mobilier mis en vente. »

La loi de 1841, par l'article 5, ordonne que le commerçant qui veut, pour cause de cessation de commerce ou en cas de nécessité, vendre les marchandises aux enchères, ajoute à la requête qu'il présente au tribunal de commerce *un état détaillé des marchandises à vendre;* cette précaution a pour but de prévenir la fraude et d'empêcher qu'on ne glisse parmi les marchandises d'autres ne faisant pas partie de celles détaillées dans l'état annexé. L'article 8, par la pénalité qu'il applique, vient compléter cette disposition.

622.—L'état détaillé n'est exigé que pour les cas de cessation de commerce ou de nécessité; dans les autres cas, en effet, l'officier vendeur sera averti du nombre et de l'espèce des marchandises par les procès-verbaux ou inventaires qui auront été dressés, puisqu'il s'agit de ventes après décès, ou par autorité de justice, ou après faillite.

623. — Cependant il se présentera des cas où il n'y aura pas eu d'inventaire, et où aucun indice ne pourra éclairer l'officier vendeur sur la bonne ou la mauvaise foi du propriétaire des marchandises; alors, et même si en cas d'inventaire ou d'état détaillé, l'officier vendeur n'a pu découvrir la fraude, il ne sera pas responsable; la loi ne punit que celui qui comprend *sciemment* dans la vente des marchandises neuves ne faisant pas partie du fonds ou mobilier dont la vente a été autorisée. Ce mot *sciemment*, exprimé dans l'article 6, lève toute espèce de doute. On comprend que les marchandises étrangères à l'autorisation peuvent être introduites dans la vente, soit par l'officier-vendeur, soit par le marchand, soit par l'un et l'autre à la fois et de complicité. Si l'officier vendeur seul a commis le délit et que les marchandises introduites frauduleusement dans la vente n'appartiennent pas au commerçant dûment autorisé, celui-ci ne sera pas responsable, eût-il eu même connaissance du dol, s'il ne l'a pas favorisé : il faudrait que le vendeur *eût compris sciemment* ou aidé à *faire comprendre* dans la vente les objets frauduleusement vendus. Il n'en serait pas de même de l'officier public : du mo-

ment où il aurait connu le dol, il serait coupable, car sa participation à la vente est nécessaire ; elle ne peut se faire que par lui ; il doit au reste prendre les informations nécessaires pour s'éclairer ; l'erreur serait difficilement présumée si des pièces dont il aurait pu et dû s'enquérir résultait évidemment la preuve de la fraude (1).

DES DROITS D'ENREGISTREMENT DE LA VENTE DES MARCHANDISES NEUVES.

624. — Les droits d'enregistrement de la vente de marchandises neuves en détail ou par lots à la portée des consommateurs sont soumis absolument aux mêmes règles que les droits de vente de tous les meubles en général, c'est-à-dire que ces droits sont de 2 p. 100, plus le décime, sauf le cas de marchandises neuves dépendant d'une faillite ou pouvant être considérées comme objets naufragés.

Nous disons marchandises neuves *en détail* ou *par lots, à la portée des consommateurs ;* car s'il s'agissait de ventes aux enchères de marchandises en gros, qui se font ordinairement par le ministère des courtiers, le droit ne serait que de un demi p. 100.

---

(1) Jugé d'après ces principes, qu'une vente de marchandises neuves aux enchères, faite par suite de saisie, doit cesser lorsque la vente a produit une somme suffisante pour désintéresser en capital, intérêts et frais, le créancier saisissant et les opposants. Le surplus de ces marchandises doit être considéré comme vendu volontairement. et, par conséquent, contrairement à l'art. 1er de la loi du 25 juin 1841. — Cassation, 3 août 1844, *Journal des Commissaires-Priseurs*, t. II, p. 15.

625. — La vente en détail faite après le décès d'un négociant, par un courtier de commerce, des marchandises de son négoce, est passible du droit de 2 p. 100, fixé par l'article 69 de la loi du 22 frimaire an VII, pour la vente en détail des objets mobiliers en général, et non pas seulement du simple droit de 50 centimes p. 100, en assimilant les ventes en détail de marchandises après décès, aux ventes en détail après faillite; une pareille assimilation ne résulte nullement de la loi du 25 juin 1841 sur la vente des marchandises neuves (1).

- - - -

(1) Préjugé en ce sens par un arrêt de cassation du 16 avril 1850, *Journal des Commissaires-Priseurs*, 1850, p. 337.

CHAPITRE XXVI

VENTES DE FRUITS ET RÉCOLTES

626. — Les ventes publiques volontaires de fruits et récoltes pendants par racines et des coupes de bois taillis sont régies par une loi spéciale (1). Aux termes de l'article 1ᵉʳ de la loi du 5 juin 1851 : « Les ventes publiques volontaires, soit à terme, soit au comptant, de fruits et de récoltes pendants par racines, et des coupes de bois taillis, seront faites, en concurrence et au choix des parties, par les notaires, commissaires-priseurs, huissiers et greffiers de justice de paix (2),

---

(1) La loi du 5 juin 1851 a été l'objet d'un *Commentaire* très complet, par M. Le Hir (volume in-8⁰, très rare, Prix : 5 fr.) dans lequel on trouvera tous les documents : exposé de motifs, rapports et débats législatifs.

(2) On remarquera que la loi de 1851 ne parle que des *greffiers de justice de paix* et non des greffiers de tribunaux de commerce. Seraient passibles de dommages-intérêts envers les officiers vendeurs désignés dans la loi, les greffiers des tribunaux de commerce qui procéderaient, sans droit, aux ventes publiques volontaires de fruits et récoltes. — Bayeux, 28 juin 1861 et Caen, 16 janvier 1863, *Journal des Commissaires-Priseurs*, 1862, p. 66 et 1864, p. 11.

même dans le lieu de la résidence des commissaires-priseurs. »

627. — Notons de suite que la loi de 1851 ne s'occupe que des ventes *volontaires*, et que si la concurrence existe entre les divers officiers ministériels dénommés, même dans le lieu de la résidence du commissaire-priseur, pour ces sortes de ventes, le droit exclusif des commissaires-priseurs, demeure entier lorsqu'il s'agit de *ventes forcées* de fruits et récoltes pendants par racines, notamment en cas de saisie-brandon (1). Pas de doute sur ce point, car le rapporteur de la loi de 1851 a dit : « La commission a pensé qu'il convenait de restreindre le projet aux ventes publiques volontaires afin qu'il fut bien entendu que les *ventes judiciaires* demeurent soumises au code de procédure civile ou aux lois spéciales qui les régissent. »

Ce ne sont donc pas seulement les ventes forcées ou saisies-brandons, qui demeurent, après comme avant la loi de 1851, dans les attributions exclusives des commissaires-priseurs ; le rapporteur de la loi s'est servi intentionnellement de l'expression générale *ventes judiciaires*, par opposition aux *ventes volontaires*, ce qui fait rentrer dans les attributions exclusives des commissaires-priseurs au chef-lieu de leur résidence : 1° Les ventes forcées dites saisies-brandon ; — 2° Les ventes faites à la requête de l'héritier avant de prendre qualité

----

(1) Voir plus haut, p. 415 à 420, le chapitre consacré à la vente sur saisie-brandon.

ou par l'héritier bénéficiaire; — 3° Les ventes faites en vertu des articles 826 du code civil et 945 du çode de procédure civile, lorsqu'il y a des créanciers saisissants ou opposants dans une succession, ou que la majorité des cohéritiers juge la vente nécessaire pour l'acquit des dettes et charges ; — 4° La vente des fruits et récoltes appartenant à des mineurs; — 5° La vente des biens des absents ; — 6° La vente d'un gage; — 7° La vente pulique aux enchères des fruits et récoltes dépendants d'une faillite ; — En un mot, la vente des fruits et récoltes ou coupes de bois taillis qui n'appartiennent pas à des propriétaires entièrement maîtres de leurs droits, ou dans lesquels des créanciers sont intéressés.

En résumé, les commissaires-priseurs ont le droit exclusif de procéder aux ventes publiques judiciaires de fruits et récoltes pendants par racines, et de coupes de bois taillis, dans le lieu de leur résidence (1); et le même droit appartient de concurrence aux commissaires-priseurs, aux notaires, aux huissiers et au greffiers de justice de paix, partout ailleurs que dans le lieu de la résidence des commissaires-priseurs (2).

---

(1) Jugé par le tribunal de Vendôme, le 14 octobre 1851 (*Journal des Commissaires-Priseurs*, 1851, p. 319) que la vente judiciaire de fruits et récoltes dans le chef-lieu de résidence du commissaire-priseur appartient à celui-ci et non aux notaires.

(2) On pourra consulter avec intérêt sur les questions de concurrence entre notaires et commissaires-priseurs, en matière de ventes de récoltes sur pied, un article publié dans le *Journal des Commissaires-Priseurs*, 1884, p. 13.

628. — Les expressions si formelles de la loi de 1851 ne peuvent laisser aucun doute sur le droit des commissaires-priseurs, des greffiers et des huissiers de faire les ventes publiques aux enchères *à terme*, non-seulement pour les fruits et récoltes, mais aussi pour tous objets mobiliers. De plus, il a été reconnu, dans la discussion de la loi, qu'outre la stipulation de terme, les commissaires-priseurs auraient le droit de régler par des clauses de l'acte ou du procès-verbal, toutes les conditions inhérentes à la vente : par exemple, s'il s'agissait d'une vente de foins, à quelle époque et par quelle voie ils seraient enlevés ; s'il s'agissait d'une vente de taillis, le nombre de balivaux à réserver.

629. — On peut distinguer trois espèces de ventes de bois : les ventes de coupes de bois taillis, les ventes de coupes aménagées de futaies et les ventes de futaies. Il faut y ajouter les ventes d'émondes.

Les *bois taillis* sont ceux que l'on coupe complètement jusqu'à la souche, à des époques fixées par la loi ou par l'usage des lieux, ordinairement assez rapprochées, sauf des baliveaux qu'on laisse pour former futaie. On doit considérer comme taillis toute plantation d'arbres forestiers faite non en pépinière, mais à demeure sur un sol forestier, dans les premières années de la pousse, tant qu'il n'est pas prouvé qu'elle ait été destinée à croître en futaie, sans aucune distinction entre les bois qui n'ont pas été coupés et ceux qui, l'ayant déjà été, renaissent de leur souches et de leurs racines.

Les *bois de haute futaie* sont ou ceux dont la plantation

a été disposée de manière à ce qu'ils puissent croître et se développer, ou les baliveaux réservés dans les bois taillis. Cependant, on n'appelle proprement bois de haute futaie que ceux qui ont passé trois coupes ordinaires de bois taillis.

Les bois de haute futaie sont aussi soumis à des coupes réglées, beaucoup plus éloignées les unes des autres que les coupes de bois taillis : c'est ce que l'on appelle *coupes aménagées de haute futaie* (1).

Enfin, les *émondes* sont les branches qu'on retranche des arbres de haute futaie à certaines époques, et qu'on coupe aussi périodiquement dans certains lieux.

630. — La vente publique aux enchères des coupes aménagées de haute futaie, de même que celle des bois de haute futaie eux-mêmes, appartient aux notaires exclusivement.

S'il s'agissait de bois plantés sur le terrain d'autrui et vendus pour être abattus, comme ils auraient un caractère mobilier relativement même à leur propriétaire, il semble que la vente rentrerait dans les règles ordinaires des ventes mobilières.

Quant aux émondes, comme elles ne participent en rien à la nature du fonds, comme la coupe des émondes rentre dans les actes de simple administratton, il ne nous paraît pas douteux que la vente publique aux enchères d'émondes ne fût soumise aux règles de la vente des taillis.

Enfin, si des arbres étaient l'objet d'une saisie-

---

(6) L'article 591 du code civil en fait mention.

brandon, il n'est pas douteux qu'ils ne dussent être vendus par le commissaire-priseur seul au chef-lieu de son établissement, et partout ailleurs, de concurrence avec les autres officiers-vendeurs.

CHAPITRE XXVII

DES OPPOSITIONS A LA VENTE ET SUR LES DENIERS DE LA VENTE.

631. — Des oppositions peuvent être mises à la vente par ceux qui se prétendent propriétaires des objets saisis, comme les usufruitiers ou tous autres ayants droit, ou par ceux qui revendiquent tout ou partie du mobilier à vendre, ou enfin, en cas de vente après saisie, par la partie saisie elle-même ; ou encore, ce qui est tout différent, des oppositions peuvent être mises sur les deniers de la vente.

632. — Il n'y a pas de délai fatal pour former la demande en revendication de meubles à vendre aux enchères publiques. En conséquence, l'opposition est recevable après l'affiche des placards et les publications des journaux ; mais le revendiquant pourrait être passible des frais que son retard aurait occasionnés.

L'opposition est même utilement formée tant que la vente n'a pas été consommée. Spécialement, l'opposition, formée entre les mains du gardien peut-être dénoncée, tant qu'il n'a pas été rendu de jugement sur l'opposition.

633. — L'assignation est donnée aux délais ordinaires, s'ils n'ont pas été abrégés par ordonnance du président du tribunal du lieu, avec, en outre, augmentation suivant les distances.

Cependant, le propriétaire demandeur en revendication d'objets saisis peut assigner le saisissant au domicile élu dans le procès-verbal de saisie immobilière.

L'assignation doit être donnée devant le tribunal et non devant le juge des référés. Le référé ne peut être introduit, en pareil cas, que par l'officier vendeur, lorsqu'il a reçu sur son procès-verbal une opposition à la vente.

C'est le tribunal du lieu de la saisie qui est compétent pour statuer. La difficulté soulevée est, en effet, relative à l'exécution ; et il est de principe que le tribunal du lieu de l'exécution connaisse de ces sortes de difficultés.

634. — Aux termes de l'article 609 du code de procédure civile, les créanciers du saisi pour quelque cause que ce soit, même pour loyers, ne peuvent empêcher la vente ; ils ont seulement le droit de former opposition sur le prix. Leurs oppositions en contiennent les causes ; elles sont signifiées au saisissant et à l'huissier, ou autre officier chargé de la vente, avec élection de domicile dans le lieu où la saisie est faite, si l'opposant n'y est pas domicilié : le tout à peine de nullité des oppositions et des dommages-intérêts contre l'huissier, s'il y a lieu.

635. — Le créancier opposant ne peut faire aucune poursuite, dit l'article 610, si ce n'est contre le saisi et pour obtenir condamnation : il n'en est fait aucune contre lui ; sauf à discuter les causes de son opposition, lors de la distribution des deniers.

Il résulte nettement des termes de cet article, que le propriétaire et le principal locataire, tout en ayant privilège sur les meubles de leur locataire, n'ont pas le droit de s'opposer à leur enlèvement et à leur vente.

Enfin, l'on sait qu'aux termes de l'article 557 et 558 du code de procédure, tout créancier peut, en vertu de titres authentiques ou privés, saisir-arrêter entre les mains d'un tiers les sommes et effets appartenant à son débiteur, ou s'opposer à leur remise ; et que s'il n'y a pas de titre, le juge du débiteur, ou même le juge du domicile du tiers-saisi, peuvent sur requête permettre la saisie-arrêt ou opposition.

M. Benou regarde ces deux articles comme applicables à l'opposition aux mains de l'officier vendeur ; suivant d'autres auteurs, au contraire, il ne serait pas nécessaire que l'opposition fût basée sur un titre ou sur une ordonnance du juge, comme en matière de saisie-arrêt ; l'article 558 serait inapplicable à ce cas. Quant à nous, nous comprenons parfaitement que l'opposition sur les deniers d'une vente publique aux enchères soit sujette à d'autres règles que la saisie-arrêt ordinaire. M. Benou pense de même et s'en exprime formellement ; mais ce n'est pas une raison pour qu'on n'exige pas de celui qui met opposition une justification quelconque de sa créance, et, notamment, s'il n'y pas de titre, une ordonnance qui permette l'opposition.

636. — L'opposition, peut être formée de deux manières :

1° Elle est reçue par l'officier vendeur lui-même sur son procès-verbal, lorsque ce procès-verbal est encore ouvert, ou même à la suite s'il est déjà clos. Elle doit contenir, les nom, qualités et demeure du requérant, avec élection de domicile dans le lieu où demeure l'officier vendeur si ce requérant n'y demeure pas ; l'énonciation du titre et de la somme pour laquelle elle est faite, ou de l'ordonnance qui l'a permise ; cette ordonnance, qui reste annexée au procès-verbal, doit énoncer la somme pour laquelle l'opposition est faite, et l'évaluation provisoire si la créance n'est pas liquide ; le tout à peine de nullité.

2° Elle est faite par exploit d'huissier contenant les énonciations ci-dessus, et en outre, la copie de l'ordonnance s'il en a été rendu. Copie de cet exploit est laissée à l'officier vendeur ; le tout à peine de nullité.

Lorsque l'opposition est faite par exploit d'huissier, il faut, pour qu'elle engage l'officier vendeur tiers-saisi, que l'original soit visé par ce dernier.

637. — L'officier vendeur ne peut refuser de recevoir l'opposition sur son procès-verbal que si le créancier ne remplit pas les conditions ci-dessus prescrites, c'est-à-dire s'il n'est pas fondé en titre authentique ou sous seing-privé enregistré, ou s'il ne représente pas l'ordonnance du juge lorsqu'il n'y a pas de titre ; il le peut encore dans le cas où il n'a plus de deniers entre les mains, son compte étant arrêté ou balancé par la dépense.

A l'égard des oppositions signifiées par huissier, il ne

peut se refuser de les accepter et de les viser ; seulement dans le cas où le compte est arrêté ou balancé, il annonce dans son *visa* qu'il n'y a lieu à opposition, faute de sommes sur lesquelles elle puisse frapper.

638. — Les oppositions formées entre les mains du greffier de la justice de paix sur le procès-verbal de scellés tiennent en celles du commissaire-priseur, sans qu'il soit nécessaire de les renouveler. Ceci est un principe constant établi par l'usage, car nous ne voyons pas de texte qui le consacre positivement ; il n'en est qu'indirectement question dans l'article 7 de l'ordonnance du roi du 3 juillet 1846 sur la Caisse des dépôts et consignations, portant que le commissaire-priseur doit déclarer au pied de son procès-verbal de vente, et avant l'enregistrement, s'il n'a pas d'oppositions en ses mains, ou s'il n'a pas connaissance qu'il en existe au procès-verbal de scellés.

639. — Les articles 563 et suivants du code de procédure portent que les oppositions doivent être dénoncées et contre-dénoncées à peine de nullité, et que, faute de contre-dénonciation au tiers-saisi dans le délai fixé, les paiements par lui effectués, jusqu'à cette dénonciation qui serait faite postérieurement, sont valables ; cependant il serait dangereux de se fonder sur cet article et de faire des paiements au mépris des oppositions. Ces dispositions sont établies en faveur du débiteur ordinaire, qui peut désirer payer pour faire cesser les intérêts ; mais le commissaire-priseur ne peut avoir ce motif puisqu'il a le dépôt à la Caisse comme moyen de libération, et qu'il est même obligé à faire ce dépôt dans

le mois lorsqu'il existe des oppositions. Il ne doit donc payer que lorsque la mainlevée des oppositions est rapportée, ou que les oppositions existantes sont judiciairement écartées, soit définitivement, soit par créances privilégiées (1).

640. — Les mains-levées des oppositions peuvent être faites, soit par acte notarié, soit par acte sous-seing privé, soit sur le procès-verbal même de vente et de compte.

Si elles sont faites par acte notarié, il en est délivré extrait qui reste annexé à la minute de vente, à moins qu'elles ne soient faites en brevet; alors c'est l'acte lui-même qui reste annexé.

Si elles sont données sous-seing privé, il faut qu'elles soient sur timbre, et enregistrées avant le compte; en outre, la signature de l'opposant, ne pouvant pas être connue du commissaire-priseur, doit être certifiée par l'huissier signataire de l'exploit d'opposition.

---

(1) Dans un article du *Journal des Commissaires-Priseurs*, t. 2, p. 353, **M.** Bédarride, avoué près le tribunal d'Aix, a traité la question de savoir si en cas de vente *volontaire* de meubles par le commissaire-priseur, il faut nécessairement avoir recours à une saisie-arrêt, ou bien si une simple opposition est suffisante pour empêcher la remise des deniers ; si, en d'autres termes, le créancier doit employer la saisie-arrêt entre les mains du commissaire-priseur quand les meubles de son débiteur ont été vendus *sans contrainte*.

L'auteur se prononce pour la négative, c'est-à-dire qu'il regarde l'opposition telle qu'elle est réglée par les articles 609 et suivants du code de procédure, comme suffisante dans le cas de vente volontaire comme dans le cas de vente judiciaire.

Il est quelquefois d'usage de donner main-levée sur l'original même de l'opposition ; mais ce mode est vicieux en ce que cette main-levée ne peut pas être enregistrée, et que, par conséquent, il ne peut en être fait mention dans le compte ni même annexe.

D'autres fois même, et pour des sommes peu importantes, on se contente de déchirer l'original de l'opposition. Ce mode est également vicieux, parce que, d'abord, le commissaire-priseur seul ne peut annuler l'effet de la déclaration faite par lui sur son procès-verbal de l'existence de cette opposition ; ensuite, parce que l'existence de cette opposition peut encore être prouvée par les registres de l'enregistrement, sans qu'il reste entre les mains du commissaire-priseur un moyen de prouver qu'elle n'existe plus.

Enfin, si elle est faite sur la minute même du procès-verbal de vente ou de compte, elle doit être signée par la partie, et dans le cas où elle ne sait signer, il faut faire intervenir, soit deux témoins, soit un second officier de même qualité que le rendant-compte (1).

M. Benou repousé sans distinction l'application des articles 563 et suivants du code civil, c'est-à-dire les règles de la dénonciation de la saisie-arrêt. Il aurait peut-être été plus exact de faire régir complètement l'action des créanciers par les articles du code relatif à l'opposition, même quant à ce qui concerne la dénonciation. Cependant nous croyons, que, si le créancier n'a pas de titre, il ne peut former opposition sans une ordonnance du juge.

(1) Cette nécessité de faire intervenir des témoins, démontre de plus en plus l'inconvénient des oppositions sur la minute du procès-verbal de vente et sans signification par huissier.

641. — A l'égard des oppositions dont il n'est point donné main-levée, c'est au tribunal qu'il appartient de juger de leur mérite. Nous verrons au chapitre suivant que l'officier vendeur est tenu, si le créancier et le saisi ne s'entendent pas, de consigner le montant de la vente, dans quel délai et comment se fait la distribution des deniers.

Quant aux créanciers privilégiés, aux termes de l'article 661 du code de procédure civile relatif aux contributions judiciaires, le propriétaire de la maison peut appeler la partie saisie et l'avoué le plus ancien en référé devant le juge-commissaire pour faire statuer préliminairement sur son privilége pour raison des loyers à lui dus.

642. — On a pensé, et c'est un point adopté dans la pratique, que cette voie de référé pouvait être employée par le propriétaire, même avant l'ouverture de la contribution, attendu la nature toute particulière de son privilège résultant de l'article 2102 du code civil, et qu'alors le juge-commissaire n'existant pas encore, l'affaire pouvait être portée devant le président, juge des référés ordinaires. Dans ce cas, il faut appeler tous les créanciers opposants, attendu qu'ils ne sont pas encore représentés par un avoué plus ancien légalement constitué.

Ce mode est même quelquefois employé pour d'autres priviléges que celui du propriétaire. Dans tous les cas, le commissaire-priseur doit être appelé en référé, sauf à lui à faire défaut s'il juge que sa présence n'est pas nécessaire.

643. — Les commissaires-priseurs peuvent être appelés en déclaration affirmative; ils ne se trouvent pas compris dans l'exception portée dans les articles 561 et 569 du code de procédure civile. Les notaires, les huissiers et les commissaires-priseurs ont été exceptés de la règle posée par les articles 561 et 569, parce que n'étant point, comme les fonctionnaires cités dans ces articles, institués précisément pour recevoir les deniers publics, on n'a pas craint que la déclaration des sommes déposées dans leurs mains devînt pour eux une cause perpétuelle de dérangement.

Pourtant l'usage, à Paris, n'est pas d'assigner les commissaires-priseurs en déclaration affirmative: ils délivrent donc, aux termes de l'article 569 du code de procédure, un certificat constatant s'il est dû quelque chose par eux à la partie saisie, et énonçant la somme, déduction faite des frais de vente et des sommes qui auraient pu déjà être payées par eux, ou qu'ils ne doivent rien, s'ils ont tout payé (1).

644. — Voici une formule de main-levée d'opposition :

Je soussigné (nom, prénoms et domicile de l'opposant), *donne, par ces présentes, main-levée pure, simple, entière et définitive, de l'opposition formée à ma requête, par exploit de . . . huissier à . . . . , en date du . . . . , enregistré,*

---

(1) L'usage de ne pas appeler les commissaires-priseurs en déclaration affirmative est fondé sur ce que l'opposition faite sur les deniers d'une vente publique aux enchères est toute différente de la saisie-arrêt, et régie par de toutes autres règles.

entre les mains de M^e. . . . , commissaire-priseur, sur les deniers de la vente par lui faite, par suite du décès de M. . . . , ou de saisie sur le sieur. . . . .

Ou de l'opposition par moi formée, sur le procès-verbal des scellés par M. le juge de paix du canton. . . . . après décès du sieur. . . . , laquelle opposition frappait entre les mains de M^e. . . . , commissaire-priseur, qui a procédé à la vente du mobilier dépendant de la succession dudit sieur. . . . . .

Consentant, en conséquence, à ce que ladite opposition soit considérée comme nulle et non avenue, et à ce que ledit M^e. . . . , paye, vide ses mains en celles de qui il appartiendra.

Dont main-levée, ou fait à . . . . . (l'endroit et le quantième).

(Signature.)

645. — La signature apposé au bas d'une main-levée d'opposition est certifiée véritable par l'huissier ou l'avoué, à moins que l'opposant ne soit connu de l'officier vendeur.

Cet acte, pour être énoncé dans le compte du commissaire-priseur et y être annexé, doit être enregistré avant la reddition du compte.

Il nous paraît inutile d'indiquer ici les changements que nécessiterait la rédaction de cet acte, s'il s'agissait d'une opposition formée sur le procès-verbal de vente ou sur le procès-verbal de saisie, ou encore, entre les mains du gardien de la saisie, etc., l'officier vendeur y suppléera aisément.

646. — L'opposant seul est apte à donner main-levée de l'opposition par lui formée : un autre que lui devrait être muni d'un pouvoir spécial ; ainsi, la main-levée donnée par un avoué ou un huissier, non mandataire exprès, n'est pas recevable ; ces sortes d'officiers, mandataires légaux, ne devant faire que les actes conservatoires, sans crainte d'être désavoués.

Par cette raison aussi, la main-levée donnée par exploit, non signée de la partie, n'est pas valable.

CHAPITRE XXVIII

DE LA LIBÉRATION DE L'OFFICIER VENDEUR.

1° *Reddition de compte.*

647. — D'après l'article 1993 du code civil, tout mandataire est tenu de rendre compte de sa gestion, et de faire raison au mandant de ce qu'il a reçu en vertu de sa procuration.

Les officiers vendeurs, revêtus d'un caractère public et du privilège de vendre publiquement les meubles aux enchères, sont encore plus rigoureusement obligés de rendre compte.

648. — La gestion du commissaire-priseur finit en même temps que la vente ; le compte peut donc lui être demandé dès qu'elle est terminée ; rien n'empêche même qu'il lui soit demandé à la clôture de la vacation,

à moins toutefois que l'intérêt des tiers dûment connu ne s'y oppose.

On va même plus loin, dans les ventes volontaires, le vendeur peut se réserver la faculté de recevoir directement des enchérisseurs le montant des adjudications aussitôt qu'elles sont prononcées par le commissaire-priseur (1).

Lorsque ce mode, fort rare du reste, est adopté, il doit en être fait mention expresse dans le réquisitoire de vente et l'intitulé du procès-verbal; si la vente dure plusieurs jours, cette mention est rappelée à la fin de chaque vacation pour assurer d'autant la non-responsabilité de l'officier public.

649. — Si des oppositions survenaient, elles ne pourraient frapper que sur le montant des adjudications à venir, et dès ce moment le commissaire-priseur serait en droit de refuser au vendeur la faculté qui lui aurait été primitivement réservée, car dès ce moment aussi commencerait la responsabilité du commissaire-priseur.

650. — Pourtant, l'administration des domaines, nonobstant toute opposition, perçoit elle-même le montant des adjudications, les créanciers n'ont pas le droit de

---

(1) C'est ainsi que se font la plupart des ventes à la requête des domaines, et un arrêt de la cour de cassation en date du 26 juillet 1827 a décidé dans le même sens à l'égard des simples particuliers.

s'en plaindre, et le commissaire-priseur ne voit pas sa responsabilité compromise. La raison de cette différence est que l'administration des domaines présente un caractère administratif et public, et que les oppositions tiennent en ses mains ; toutefois, le commissaire-priseur doit avoir soin dans la clôture de sa vente, de faire mentionner sa décharge par le préposé, qui alors prend sur lui la responsabilité des oppositions.

651. — Lorsque le compte de la vente est réclamé le jour même ou le lendemain de la vente, le commissaire-priseur ne peut se refuser à le rendre, sous le prétexte qu'il a fait les crédits d'usage aux marchands acquéreurs de son gré, et sans autorisation spéciale ; dans ce cas il est présumé détenteur des deniers, et comme tel tenu à les représenter.

652. — Si en droit, le commissaire-priseur doit rendre son compte aussitôt qu'il en est requis ; en fait, et principalement dans les ventes par autorité de justice, il est de toute nécessité qu'un laps de temps s'écoule entre la vente et la reddition du compte, dans l'intérêt des tiers, pour qu'il puissent se mettre en mesure de faire connaître leurs droits, et dans l'intérêt du commissaire-priseur, pour qu'il puisse régulièrement payer les frais et dettes privilégiés. L'usage a donc établi une exception pour ces sortes de ventes, et cette exception a été approuvée par la jurisprudence des tribunaux. Le commissaire-priseur ne devra donc rendre compte d'une vente par autorité de justice, quand bien même il n'aurait pas d'opposition en ses mains, que trois jours francs

après ladite vente, sauf à lui à en référer au président du tribunal, dans le cas où il serait sommé de rendre son compte avant ledit délai (1).

653. — En cas de vente volontaire c'est le propriétaire vendeur des meubles qui a le droit de requérir et de recevoir le compte, ou ses héritiers, ou les créanciers opposants.

En cas de vente par suite de décès, le compte doit être rendu à l'héritier bénéficiaire ou non, ou encore, s'il y a des créanciers opposants, aux créanciers.

En cas de vente sur saisie, au saisi et aux créanciers saisissants et opposants.

En cas de vente après faillite il doit être rendu aux syndics.

654. — Lorsque le propriétaire vendeur de meubles est maître de ses droits, que la vente a été volontaire, et qu'il n'y a pas de créanciers opposants, il ne peut y avoir aucune difficulté sur le droit de requérir et de recevoir le compte.

Mais la vente a pu être faite au nom d'une *femme mariée*, avec l'autorisation et le concours de son mari, ou sans le concours de son mari et avec sa simple autorisation, ou l'autorisation de justice : il faut exami-

---

(1) Sur la responsabilité encourue par le commissaire-priseur qui se dessaisirait des deniers de la vente avant l'expiration des trois jours, consulter un jugement du tribunal civil de la Seine du 16 décembre 1851 dans le *Journal des Commissaires-priseurs*, 1882, p. 53.

ner, dans tous les cas, quels sont les droits du mari ou de la femme.

Ainsi, les meubles vendus étaient-ils tombés dans la communauté; dépendaient-ils de la communauté? Le mari aura pu seul, et sans le concours de sa femme, en requérir la vente, en recevoir le compte et en toucher le prix.

Si, au contraire, les meubles ne faisaient pas partie de la communauté, la présence ou le consentement de la femme est indispensable.

Il faut donc, lorsque la vente a été requise par la femme, que le mari qui se présente seul pour en toucher le prix justifie d'un contrat de mariage contenant stipulation de communauté.

Une femme marchande publique pourrait faire vendre, aux enchères publiques, sans l'autorisation de son mari, les objets ou marchandises dépendants de son commerce, et en toucher le prix sans son concours;

Mais la femme mariée ne peut faire vendre sans le concours de son mari les meubles dépendants de la communauté.

655. — Si les époux se sont mariés suivant convention exclusive de la communauté, le code, dans ses dispositions sur cette espèce de contrat de mariage, distingue le mariage sans communauté du mariage avec clause de séparation de biens.

Dans le mariage sans communauté (art. 1531 du code civil), le mari conserve l'administration des biens, meubles et immeubles de la femme, et, par suite, le droit de percevoir tout le mobilier qu'elle apporte en dot, ou qui lui échoit pendant le mariage, sauf la restitution qu'il en doit faire après la dissolution du mariage, ou après la séparation de biens qui serait prononcée par justice ; la femme ne peut donc, sous cette clause, faire vendre son mobilier aux enchères qu'avec le consentetement de son mari.

Lorsqu'au contraire les époux ont stipulé par leur contrat de mariage qu'ils seraient séparés de biens (art. 1536), la femme conserve l'entière administration de ses biens, meubles et immeubles, et la jouissance libre de ses revenus. Dans ce cas, il est interdit seulement à la femme d'aliéner ses immeubles sans le consentement spécial de son mari ou de la justice ; elle peut donc faire vendre sans le concours de son mari ses meubles aux enchères et en recevoir le prix.

Lorsque la femme est mariée sous le régime dotal, il y a lieu de distinguer encore : si les meubles à vendre sont dotaux, le concours du mari est nécessaire, puisque lui seul a l'administration des biens dotaux et répond de la dot (art. 1549) ; si les objets à vendre sont paraphernaux, c'est-à-dire en dehors des biens que la femme mariée sous le régime dotal s'est contitués en dot, comme la femme en a l'administration et la jouissance, elle peut, après les avoir fait vendre avec l'autorisation de son mari ou de la justice, en recevoir seule le prix. (art. 1576).

De tout ce qui précède il résulte que, lorsque le mari se présente seul ou la femme sans autorisation du mari, le commisssaire-priseur doit se faire justifier du régime sous lequel les époux sont unis, et des clauses civiles de leur union ; mais si les époux arrêtent concurremment le compte, il est inutile qu'il demande ces justifications, leur concours le mettant à l'abri de toute recherche.

656. — Le *tuteur*, excepté les père et mère, est tenu de faire vendre aux enchères les meubles du mineur, dans le mois qui suit la clôture de l'inventaire. Comme administrateur, le tuteur a nécessairement droit d'arrêter le compte de vente et d'en toucher le reliquat.

Est-il nécessaire que le subrogé-tuteur assiste au paiement ? — La présence n'est exigée que pour la vente ; il n'a pas d'ailleurs à surveiller, au moment même, l'emploi des fonds, puisque l'article 455 du code civil accorde six mois au tuteur pour payer l'excédant des revenus du mineur. Cependant nous conseillerons d'exiger en pareil cas la présence du subrogé-tuteur à la quittance, afin d'être averti par lui du changement de qualité qui pourrait être survenu, depuis la vente, dans la personne du tuteur ou du mineur.

L'officier vendeur doit, avant de vendre sur la réquisition du tuteur, et surtout avant de lui remettre le montant de la vente, s'assurer de sa qualité ; ses fonctions ont pu cesser : notamment la mère tutrice a perdu la tutelle, si elle s'est remariée sans convoquer le conseil de famille, ou si, l'ayant convoqué, elle n'a pas été maintenue tutrice.

Non pas cependant que nous croyons que le commissaire-priseur soit de plein droit responsable, s'il a été trompé sur la qualité du tuteur, et lorsqu'il a pris les précautions que la prudence conseille pour s'assurer du droit du vendeur; l'article 3 de la loi du 22 pluviôse an VII l'oblige à porter, dans sa déclaration à l'enregistrement, les noms, qualités et domicile du requérant et ceux de la personne dont le mobilier est mis en vente; mais la loi ne prescrit aucun moyen de constatation extrordinaire, comme acte de notoriété.

657. — Lorsque la mère remariée a été maintenue dans la tutelle, son nouveau mari lui est nécessairement adjoint comme co-tuteur. Ce dernier devient solidairement responsable de la gestion de la tutelle; il doit donc assister sa femme à la reddition du compte; mais sa présence et sa signature seules ne suffiraient pas; bien qu'il puisse exercer les droits mobiliers de sa femme, celle-ci n'en est pas moins tutrice, elle doit arrêter le compte : son mari lui est seulement adjoint dans la tutelle pour l'aider, pour la protéger, comme aussi pour veiller à ce que, par son administration, elle ne compromette pas les intérêts de la communauté, mais il ne lui est pas substitué dans la tutelle.

658. — Lorsque le tuteur, a requis la vente, ou il a préalablement accepté pour les mineurs la succession sous bénéfice d'inventaire, ou il s'est fait autoriser à vendre sans attribution de qualité. Dans le premier cas point de difficultés pour l'arrêté de compte, l'héritier bénéficiaire pouvant l'arrêter en qualité d'administrateur. Nulle difficulté encore s'il s'est fait autoriser à toucher le reliquat sans attribution de qualité; mais, s'il n'a pas cette autorisation, il devra, pour arrêter va-

lablement le compte, accepter sous bénéfice d'inventaire pour les mineurs.

Il est vrai que la loi n'a pas voulu qu'aucun acte pût compromettre le sort des mineurs à l'égard des créanciers d'une succession, que le mineur est toujours censé héritier bénéficiaire, et qu'il n'est point d'acte du tuteur duquel on puisse tirer contre le mineur les conséquences d'une acceptation pure et simple : aussi n'est-ce pas à ce point de vue que nous examinons la question. Le mineur ne peut pas être héritier pur et simple, c'est un fait incontestable, mais cependant la loi a laissé pour lui au conseil de famille un droit d'option entre l'acceptation sous bénéfice d'inventaire et la renonciation ; supposons maintenant que le compte ait été rendu au tuteur, et le prix touché par lui avant qu'il ait été fait cette option, et sans qu'il ait été autorisé à agir sans attribution de qualité; que, postérieurement au compte, le conseil de famille soit d'avis de la renonciation, qu'en résultera-t-il? C'est que le commissaire-priseur aura payé à un homme qui n'avait pas qualité pour recevoir; que, par conséquent il aura mal payé; qu'il aura à rendre compte des fonds aux seuls intéressés, les créanciers; qu'il ne lui restera plus que la ressource d'une action personnelle en restitution contre le tuteur et, qu'enfin il sera nécessairement victime si le tuteur est insolvable. Il faut donc conclure de là que le commissaire-priseur doit exiger du tuteur qui demande compte, la justification qu'il a pris qualité pour le mineur, ou qu'il est autorisé à agir sans attribution de qualité.

659. — Le *syndic d'une faillite* représente le failli et

la masse des créanciers. L'article 486 du code de commerce porte que le juge-commissaire peut autoriser le syndic à faire procéder à la vente aux enchères publiques des effets mobiliers ou marchandises. D'après l'article 489, les deniers provenant des ventes et des recouvrements seront, sous la déduction des sommes arbitrées par le juge-commissaire, pour le montant des dépenses et frais, versés immédiatement à la Caisse des dépôts et consignations, et, dans les trois jours des recettes, il sera justifié au juge-commissaire desdits versements; en cas de retard, les syndics devront les intérêts des sommes qu'ils n'auront point versées. Les deniers par les syndics et tous autres consignés par des tiers, pour compte de la faillite, ne pourront être retirés qu'en vertu d'une ordonnance du juge-commissaire. S'il existe des oppositions, les syndics devront préalablement en obtenir la main-levée. Le juge-commissaire pourra ordonner que le versement sera fait par la caisse directement entre les mains des créanciers de la faillite sur un état de répartition dressé par les syndics et ordonnancé par lui.

Il paraît résulter de cet article que l'officier vendeur doit effectuer lui-même le versement à la caisse des consignations des deniers provenant de la vente, sous la déduction des sommes que le juge-commissaire aurait autorisé à remettre au syndic, à moins qu'une ordonnance du juge-commissaire n'ait ordonné de remettre directement au syndic le montant entier de la vente, et sauf à régler avec le syndic le compte de vente. L'article 489 veut, en effet, que les sommes soient versées *immédiatement* à la caisse des dépôts et consignations.

660. — S'il existait des oppositions sur les deniers de la vente, les syndics devraient en provoquer la mainlevée; l'article 489 le dit positivement. Des oppositions pourraient notamment avoir été mises pour les droits que des créanciers privilégiés auraient à faire valoir contre la masse.

661. — Si, depuis la vente, le failli a obtenu un concordat, remis à la tête de ses affaires, il arrêtera lui-même le compte du commissaire-priseur et touchera le reliquat. L'article 519 du code de commerce indique les conditions et les formes d'après lesquelles le concordat obtient son effet définitif : aussitôt après le jugement d'homologation, dit cet article, sera passé en force de chose jugée, les fonctions des syndics cesseront. Les syndics rendront au failli leur compte définitif en présence du juge-commissaire; ce compte sera débattu et arrêté. Ils remettront au failli l'universalité de ses biens, livres, papiers et effets. Le failli en donnera décharge. Il sera dressé du tout procès-verbal par le juge-commissaire dont les fonctions cesseront. En cas de contestation, le tribunal de commerce prononcera.

Le commissaire-priseur lorsqu'il remettra les deniers au *failli concordataire*, ne se contentera donc pas d'annexer à son procès-verbal un extrait du jugement d'homologation ; il devra surtout y ajouter un extrait du procès-verbal de reddition du compte définitif et de cessation de fonctions, dressé par le juge-commissaire.

Si le failli n'a point obtenu de concordat, le compte de vente sera arrêté par les syndics de l'union et le reliquat versé à la caisse des consignations aux termes de l'article 489 précité, sauf encore les sommes que les syndics auraient été autorisés par les créanciers réunis à garder en leurs mains pour les frais et dépenses de l'union, le tout sous la surveillance du juge-commissaire.

662. — En cas de clôture pour insuffisance d'actif, le montant de la vente, si la vente a eu lieu, aura nécessairement été remis au syndic, ou versé à la caisse des dépôts et consignations avant la clôture. S'il ne l'avait pas été, il y aurait lieu de faire immédiatement le versement à la caisse, la déclaration de faillite remplaçant en pareil cas les oppositions que les créanciers, rentrés dans leurs droits individuels, seraient censés avoir mises sur les deniers de la vente.

663. — Si celui qui a fait vendre est décédé, ses *héritiers* ont droit de recevoir à son lieu et place ; ils doivent alors justifier de leurs qualités par un acte de notoriété s'ils acceptent la succession purement et simplement, ou par un intitulé d'inventaire ; ils peuvent également se faire autoriser à recevoir le compte sans attribution de qualités.

664. — Si l'héritier qui a requis la vente sans attribution de qualité, a depuis renoncé, le compte est arrêté, soit par ceux qui viennent à la succession à son défaut et qui doivent se munir des justifications dont nous venons de parler, soit par un curateur nommé à la succession vacante, soit enfin par le domaine s'il a appréhendé la succession. Le commissaire-priseur doit alors se faire justifier de la qualité de curateur à la succession vacante par la représentation du jugement

qui l'a nommé, ou de la qualité du préposé de la régie,
tant par la représentation de l'arrêté du préfet qui déclare la succession en déshérence, ou de l'envoi en possession par le tribunal, que par celle de la commission
dudit préposé.

665. — Le curateur d'une succession vacante est
tenu de déposer dans la caisse du receveur du lieu où
la succession est ouverte, tous les deniers provenant
de la succession. La caisse des consignations à laquelle
le receveur verse ces deniers en paye l'intérêt. A Paris,
le curateur verse directement à cette caisse. Il faut
néanmoins observer que le curateur ne consigne que
ce qui lui reste, déduction faite des frais funéraires et
des frais de dernière maladie, ainsi que des frais de
scellés, d'inventaire et de vente du mobilier, parce
que ces frais sont essentiellement privilégiés, et qu'ils
priment toutes autres créances.

Par suite de l'obligation de faire verser les deniers
de la succession à la caisse des dépôts et consignations, le curateur a qualité pour exercer des poursuites
contre celui qui a reçu des deniers appartenantà cette
succession, afin de le forcer à faire le versement.

666. — Faute par l'héritier de se mettre en mesure,
de faire vendre les meubles de la succession ou d'arrêter le compte, soit que la succession étant grevée, il
n'y voie que peu ou point d'intérêt, soit que les opérations de la succession se trouvent entravées par des causes indépendantes de sa volonté, un *créancier*, privi-
ligié ou non, peut, dans diverses circonstances, être
autorisé à arrêter le compte et à toucher le reliquat.

Dans ce cas, il doit justifier de l'acte qui l'y autorise. Si cet acte est un jugement, il doit représenter : 1° la grosse de ce jugement ; — 2° l'original de la signification ; — 3° un certificat de non-opposition, si le jugement est rendu par défaut ; — 4° un certificat de non-appel, si le jugement est rendu en premier ressort et n'est pas déclaré exécutoire nonobstant appel. Si le titre est une ordonnance de référé, il suffit d'en représenter la grosse (1), ces sortes d'ordonnances n'étant pas susceptibles d'oppositions, et étant exécutoires nonobstant appel. Il faut seulement qu'elle ait été rendue contradictoirement avec tous les intéressés, ou du moins que tous les intéressés y aient été assignés ; il est même d'usage que l'ordonnance soit rendue commune avec le commissaire-priseur et qu'il reçoive assignation. Il est important que le commissaire-priseur comparaisse au référé afin de vérifier si tous les opposants ont été appelés (2).

667. — Le créancier reçoit, non-seulement la somme qui lui est due en principal, mais les accessoires en intérêts et frais, lesquels doivent être taxées ; dans ces frais sont compris ceux du référé.

----

(1) Lorsque l'ordonnance contient d'autres dispositions, et que la partie a besoin de la grosse pour les mettre à exécution, on mentionne seulement que la grosse a été représentée et à l'instant rendue ; dans ce cas et pour sa garantie le commissaire-priseur se fait délivrer par l'avoué une copie certifiée qu'il joint à son procès-verbal.

(2) S'il se présente en personne, il lui est alloué une vacation ; si au contraire il fait présenter un avoué en son nom, la vacation de l'avoué passe seule en taxe.

S'il n'y a pas fonds suffisants, il reçoit jusqu'à due concurrence, et peut imputer le payement, d'abord sur les frais et intérêts, puis sur le capital. Sa quittance, qui est faite avec réserve pour le surplus, établit la libération définitive du commissaire-priseur.

Si, au contraire, il existe fonds plus que suffisants, la décharge définitive du commissaire-priseur n'est point complète puisqu'elle ne frappe pas sur la totalité de la somme ; il y a donc lieu, par le créancier, à donner simplement quittance, qui alors n'est qu'une pièce détachée à fournir à l'appui du compte définitif. Il arrive cependant quelquefois que le créancier soit autorisé à arrêter définitivement le compte, sauf le surplus être versé à la caisse des dépôts et consignations, à la conservation des droits de qu'il appartiendra.

668. — On a élevé la question de savoir si le *propriétaire* muni d'un bail authentique peut toucher le reliquat d'une vente faite à sa requête en vertu de ce titre, lorsqu'il n'existe pas d'opposition, sans, au préalable, appeler la partie saisie, soit en référé, soit à l'arrêté de compte, pour reconnaître le montant de sa créance.

Pour la négative, on dit que le bail fait bien connaître le montant des loyers annuels et le temps de sa durée, mais nullement le nombre des termes dus ; que, dès lors, le propriétaire, s'il touchait en l'absence de la partie saisie, pourrait se faire compter des sommes supérieures à celles dont il serait créancier, comme, par exemple, s'il omettait d'imputer un ou plusieurs termes payés d'avance.

Pour l'affirmative, on répond que la partie saisie est suffisamment instruite de la prétention du propriétaire par le commandement et les poursuites dirigées contre elle ; que si elle avait eu quelques contestations à opposer, elle aurait dû les faire connaître avant ou pendant la vente ; qu'en conséquence, son silence est une approbation qui rend toute autre mesure inutile.

Ce dernier avis a toujours prévalu et a été généralement adopté.

CHAPITRE XXIX

—

DE LA

CONTRIBUTION AMIABLE ENTRE LES CRÉANCIERS

669. — Nous avons vu que si les deniers de la vente ne suffisent pas pour payer les créanciers, le saisi et les créanciers sont tenus, dans le mois, de convenir de la distribution par contribution; sinon l'officier vendeur doit déposer à la caisse des consignations.

Lorsque le saisi ou le propriétaire qui a fait vendre ses meubles et les créanciers sont d'accord pour la distribution amiable du prix, l'officier vendeur est ordinairement chargé de faire cette distribution, surtout entre les créanciers privilégiés. Il faut, dès lors, qu'il connaisse l'ordre des privilèges; d'ailleurs, il y a des dettes que la loi l'oblige tout spécialement à payer sur les deniers des ventes, comme les contributions.

670. — On sait qne le privilège, selon la définition légale de l'article 2095 du code civil, est un droit que la qualité de la créance donne à un créancier d'être préféré aux autres créanciers; « c'est un droit de préfé-

rence » établi par la loi, et en vertn duquel le créancier privilégié est payé avant tous les autres.

Les privilèges portent sur les meubles aussi bien que sur les immeubles. Nous n'avons à nous occuper ici que de ceux qui portent sur les meubles.

671. — Les privilèges sur les meubles se divisent en privilèges portant sur la généralité des meubles du débiteur, ou privilèges généraux ; et en privilèges portant sur certains meubles déterminés, ou privilèges spéciaux.

L'article 2101 du code civil énumère les privilèges généraux sur les meubles. Cet article contient, non seulement l'énumération, mais de plus un classement des différentes créances privilégiées sur la généralité des meubles. Chacune de ces créances devra donc être payée suivant son numéro d'ordre. « Les créances privilégiées sur la généralité des meubles, dit le texte, s'exercent dans l'ordre suivant. »

L'article 2102 énumère les privilèges spéciaux sur certains meubles ; mais, cet article, contrairement à ce qui a lieu pour l'article 2101, ne comprend qu'une simple énumération de neuf privilèges, il ne faut pas s'attacher au classement indiqué.

672. — *Privilèges généraux.* — Aux termes de l'arcle 2101 du code civil les priviléges généraux sur les meubles, sont :

1º *Les frais de vente.* — Par frais de vente il faut entendre non-seulement les déboursés et honoraires de l'officier vendeur, suivant les termes de l'article 657 du code de procédure, mais encore pour les ventes sur saisie-exécution, les frais de mise à exécution, tels que le commandement, les procès-verbaux de saisie et de récolement, frais de garde, de saisie, de référés, etc., et pour les ventes après décès, les frais de scellés, d'inventaire, de garde de scellés, etc. Les *frais de mise à exécution* sont primés par les *frais de vente* proprement dits; ceux-ci, en cas d'insuffisance des deniers, obtiendraient la préférence.

2° Les *frais funéraires*.

3° Les *frais quelconques de la dernière maladie*, concurremment entre ceux à qui ils sont dus. Rappelons ici que l'action des médecins, chirurgiens et apothicaires pour leurs visites, opérations et médicaments se prescrit par un an.

4° Le *salaire des gens de service*, pour l'année échue, et ce qui est dû sur l'année courante. Par *gens de service*, il faut entendre ceux qui se louent ordinairement à l'année, tels que domestiques de maisons ou de ferme, et non pas ceux qui travaillent à la tâche, à la semaine ou au mois, l'usage voulant que ces derniers soient payés au moment de la livraison de leur ouvrage pour les tâcherons, et par semaine, quinzaine ou mois, pour les autres. On sait que l'action des domestiques qui se louent à l'année, pour le paiement de leur salaire, se prescrit aussi par un an.

5° Les *fournitures de subsistance* faite au débiteur et à sa famille, savoir, pendant les six derniers mois, par les marchands en détail, tels que boulangers, bouchers et autres; et pendant la dernière année, par les maîtres de pension et marchands en gros.

673. — En dehors des privilèges généraux men-

tionnés dans l'article 2101 du code civil, il en est encore quelques autres, ayant le même caractère de généralité, qui sont spécifiées dans des lois spéciales. Ce sont ceux qui sont affectés aux créances de l'administration des contributions directes et indirectes; c'est ainsi qu'en vertu de la loi du 12 novembre 1808, le *trésor public* a privilège sur les deniers d'une vente mobilière : 1° pour l'année échue et l'année courante des contributions mobilières, des portes et fenêtres, des patentes et toute autre contribution mobilière directe et personnelle, en quelques lieux que les meubles vendus se trouvassent avant la vente; — 2° sur le produit de la vente des récoltes et fruits, et sur les loyers et revenus des immeubles sujets à la contribution pour la contribution foncière de l'année échue et de l'année courante.

674. — Les commissaires-priseurs qui ont procédé à une vente sont responsables du paiement desdites contributions sur les deniers de cette vente ; en conséquence ils doivent, avant de rendre leur compte, soit payer ces contributions, soit se faire justifier de leur paiement par les parties intéressées (1).

Les contributions foncières n'étant pas garanties par les meubles et effets mobiliers du redevable, le commissaire-priseur ne peut en être responsable; toutefois, si le redevable occupe seul sa maison, il peut être considéré comme son propre locataire; dès lors ses

______

(1) Lire un article sur le paiement des contributions par les officiers vendeurs, dans le *Journal des Commissaires-Priseurs*, t. 3, p. 353).

meubles et effets, gage naturel des loyers qu'il se doit à lui-même, sont avant tout, et par cela seul qu'ils représentent le prix de ces loyers, affectés au privilège de la portion de son débit, qui consiste en contribution foncière, la confusion qui s'opère de la dette par la réunion en sa personne des deux qualités de débiteur et de créancier ne pouvant avoir pour résultat d'anéantir ce privilège. Dans ce cas, le commissaire-priseur serait également responsable du paiement, sur les deniers de la vente, de la contribution foncière.

675. — Nous terminerons ce qui concerne les privilèges généraux en indiquant l'ordre dans lequel ils doivent être admis ; et l'ordre que nous indiquons, doit être, croyons-nous, scrupuleuse ment observé. Les créances privilégiées sur la généralité des meubles s'exerceraient donc dans l'ordre suivant :

1º Les frais de justice (art. 2101 du code civil).

2º La créance des contributions directes (loi du 12 novembre 1808).

3º Les droits et amendes en matière de timbre.

4º La créance des contributions indirectes (décret du 1er germinal, an III), sauf préférence pour les loyers de six mois.

5º Les frais funéraires (art 2101 c. civ.).

6º Les frais de dernière maladie (id.).

7º Les salaires des gens de service (id.).

8º Les fournitures de subsistance (id.).

9º La créance de la douane (lois des 6, 22 août 1791 et 4 germinal an II).

676. — Les droits de succession (mutation) sont aussi privilégiés; néanmoins, le commissaire-prisseur n'est point ordinairement appelé à les payer, et il ne serait nullement responsable du défaut de paiement. Ce paiement est à la charge de l'héritier qui a délai de six mois pour l'opérer, et la peine en cas de non-paiement est seulement celle du double droit; mais le commissaire-priseur, en sa qualité d'officier public, doit, autant que posssible, veiller à ce que les droits de l'État ne soient pas lésés, d'ailleurs, en prévenant ses clients, il leur évite le double droit qu'ils pourraient sans cet avertissement, être exposés à payer, soit par oubli, soit par ignorance.

677. — Le Trésor a privilège sur le prix des ventes mobilières sur saisie, par suite, l'huissier est tenu de payer les contributions sur le produit de la vente, malgré opposition de créanciers; les tribunaux ordinaires sont compétents pour prononcer sur les poursuites exercées par le Trésor en raison de l'immobilisation des fruits saisis et de la résistance aux réclamations du fisc. Le dépositaire de fonds peut dans ce dernier cas, être l'objet de mesures disciplinaires et passibles de dommages-intérêts et dépens (1).

678. — L'officier vendeur n'est pas tenu d'acquitter sans réquisition les contributions directes sur le prix d'une vente publique de meubles. Toutefois sa respon-

---

(1) Cour de Riom, 4 mai 1852. *Journal des Commissaires-Priseurs* 64, p. 101.

sabilité peut être engagée s'il n'a fait vérifier l'acquit préalable des contributions (1).

679. — L'officier vendeur qui a omis de payer sur le prix de la vente les contributions directes dues par le propriétaire des meubles vendus, est responsable du montant de ces contributions envers le Trésor (2).

Cependant l'administration peut être non-recevable à poursuivre l'huissier vendeur de meubles, en paiement de contributions directes, si elle ne les a pas réclamés avant le déssaisissement de la vente (3).

680. — *Privilèges spéciaux*. — L'article 2102 du code civil contient sous sept numéros l'énumération de neuf créances privilégiées sur certains meubles. Voici cette énumération; mais il est bien entendu que l'ordre dans lequel nous les énumérons n'a aucune importance au point de vue du classement des privilèges. Ainsi les privilèges spéciaux sont les suivants :

1° — Le privilège du bailleur;

2° — Des moissonneurs;

---

(1) Tribunal de La Châtre, 22 janvier 1858, *Journal des Commissaires-Priseurs*, 61, p. 131.

(2) Décret, 5 août 1790. Loi, 12 novembre 1808, article 2. — Douai, 12 février 1864. *Journal des Commissaires-Priseurs*, 64, p. 80. — Seine, 13 août 1862. *Journal des Commissaires-Priseurs* 63, p. 78. — La Châtre, (Indre), 22 juillet 1858. *Journal des Commissaires-Priseurs* 61, p. 132 et note. — Riom, 4 mai 1852, *Journal des Commissaires-Priseurs*, 64 p. 86 et 101. — Blois, 10 avril 1866. *Journal des Commissaires--Priseurs*, 67, p. 115.

(3) Tribunal de Lisieux, 12 décembre 1876. *Journal des Commissaires-Priseurs*, 77, p. 104.

3° — Des fabricants ou réparateurs d'ustensiles aratoires ;

4° — Du créancier gagiste ;

5° — De celui qui a fait des frais pour la conservation de la chose ;

6° — Du vendeur ;

7° — De l'aubergiste ;

8° — Du voiturier ;

9° — Qui frappe le cautionnement de certains fonctionnaires publics.

Comme on le voit, tous les privilège de l'article 2102 ont pour cause, soit une constitution expresse ou tacite de gage, soit cette circonstance que le créancier auquel le privilège est accordé a mis ou conservé le bien grevé du privilège dans le patrimoine du débiteur.

681. — Supposons maintenant plusieurs créanciers ayant privilège sur le même meuble, comment se règlera leur situation respective ?

Il faut distinguer, tout d'abord, si les créanciers sont de même rang ou de rangs différents.

a) Lorsque les créanciers privilégiés sont de même rang, il n'y a pas de difficultés : « Les créanciers privilégiés qui sont dans le même rang, dit l'article 2097 du code civil, sont payés par concurrence. » Si donc la valeur des meubles affectés par privilège à ces divers créanciers ne suffit pas pour les désintéresser tous intégralement, ils viendront au marc le franc, alors même que leurs créances seraient de dates différentes. Supposons, par exemple, plusieurs fournisseurs de subsis-

36

tances, ayant tous sur les meubles vendus le privilège
général que leur accorde l'article 2101, § 5 ; si les meubles affectés à leur privilège ont une valeur insuffisante
pour les désintéresser tous, ils seront payés au marc
le franc.

b) Si les créanciers privilégiés sont de rangs différents
la difficulté est plus grande, bien que l'article 2096 du
code civil ait pris soin de dire : « entre les créanciers
privilégiés, la préférence se règle par les différentes
qualités des privilèges. » Lorsque tous les créanciers en
concurrence auront tous des privilèges généraux, il
n'y aura qu'à suivre l'ordre établi par l'article 2101 du
code civil et les lois spéciales que nous avons indiquées
plus haut (n° 680). Ainsi, par exemple, en cas d'insuffisance, les frais de justice seront payés par préférence
aux frais funéraires, et ceux-ci, par préférence aux frais
de la dernière maladie ; car tel est le classement établi
par l'article 2101.

682. — Malheureusement la loi n'a pas prévu tous
les cas de concours qui peuvent se présenter entre plusieurs créanciers privilégiés, et notamment entre ceux
qui ont un privilège général et ceux qui ont un privilège
spécial. C'est là que les conflits s'élèvent et que les
controverses en doctrine comme en jurisprudence, sont
difficiles à démêler.

Pour nous, dans le classement des privilèges que le
législateur n'a pas réglementé avec précision et qu'il a
abandonné à l'appréciation du juge, une règle générale doit dominer : *le rang des privilèges est déterminé
par la qualité ou la cause de la créance*, et lorsque parmi

les privilèges qui viennent en concours il en est dont la qualité ou la cause est égale ou aussi favorable, les créanciers nantis de ces derniers privilèges doivent être payés par concurrence. C'est bien là, à notre sens, la règle qui se dégage de la combinaison des articles 2096 et 2097 du code civil.

Partant de cette règle, nous dirons : les privilèges généraux de 'article 2101 du code civil doivent toujours primer les privilèges spéciaux de l'article 2102.

Mais nous admettrons aussi deux restrictions à cette règle qui, dans l'application, serait trop absolue et parfois injuste.

a) Les privilèges généraux n'auront la préférence sur des meubles affectés à des privilèges particuliers que lorsque les autres meubles sont insuffisants opur les acquitter.

Il est juste, si les meubles libres suffisent pour désintéresser les créanciers nantis de privilèges généraux, que les meubles grevés de privilèges spéciaux soient réservés pour les créances dont ils sont le gage spécial; il ne saurait être permis au privilégié général de laisser à l'écart les meubles libres et de se venger à son choix sur les meubles grevés.

b) Les frais de justice ne devront primer les créances garanties par un privilège spécial que dans la mesure où ils ont été utiles à ces créances.

Quant aux frais de scellés et d'inventaire, l'héritier ne doit pas les payer de ses deniers; ils doivent aussi être pris sur la chose puisque les formalités ont eu précisément pour objet de conserver tout ce qui dépend de la succession. Mais ces frais ne doivent pas primer toutes les créances garanties par un privilège spécial; ainsi, le créancier gagiste et le voiturier étant en possession du gage, il est évident que les scellés et l'inventaire ne lui profitent pas. Au contraire, les frais de scellés et d'inventaire doivent toujours primer les loyers dus au bailleur, parce que ces formalités ont eu pour objet de conserver la chose sur laquelle le privilège devait s'exercer (1).

683. — Nous terminerons ce chapitre en donnant la formule d'une contribution amiable entre créanciers.

CONTRIBUTION AMIABLE ENTRE CRÉANCIERS

Observations préliminaires

M. . . . . . . est décédé en son domicile le. . . (la date).

Il a été procédé à l'inventaire par suite de son décès, par Mᵉ. . . . . . . et son collègue, notaires à. . . . . . ., en date du commencement du. . . . . à la requête de M. . . . (qualités) . . . Suivant procès-verbal en date du. . . . . de la même année, il a été à même requête et par le ministère de Mᵉ. . . . . . commissaire-priseur à. . . . . . procédé à la vente des objets mobiliers et marchandises. Le montant

---

(1) Il y aurait exception à cette règle générale, si le bailleur avait déjà pris des mesures conservatoires avant l'apposition des scellés et l'inventaire parce que les frais de ces dernières formalités, auraient été sans utilité pour lui.

*de cette vente s'est élevé à. . . . .; mais, par suite,
tant des déboursés et du paiement de différentes dettes privilégiés, cette somme est aujourd'hui réduite à un reliquat
net de. . . . . .*

*La succession du feu sieur. . . . . . . avait en outre à bé-
néficier de plusieurs créances actives et était grevée de plusieurs dettes, le tout déclaré à l'inventaire ; il fallut donc
procéder à la liquidation de cette succession. M. . . . . . .*
(l'héritier ou son mandataire) *fut chargé de suivre ces recouvrements et cette liquidation, et ce verbalement par la
majorité des créanciers alors connus qui invitèrent M. . . . .*
(l'officier vendeur), *dans l'espérance d'arriver à une contribution amiable, à ne point déposer les fonds de la vente à la
caisse des dépôts et consignations, ce que fit M. . . . ,   à
leur solicitation et à celle de ceux même des créanciers
qui avaient formé opposition aux deniers de la vente.
M. . . . . . . (l'héritier ou son mandataire)* poursuivit ces
divers recouvrements sur les notes et pièces qui lui furent
fournies ; il régla les comptes avec les divers créanciers et
débiteurs ; il en est résulté au profit de la succession. . . . .
une somme en argent. . . . .   » fr. » c.*

Ceci exposé, il va être procédé par les présents,

1° A la reddition du compte de M. . . . . . (l'héritier).

*2° A l'établissement d'une contribution amiable entre les
créanciers au marc le franc, attendu le déficit existant, le
tout devant tenir lieu du compte de bénéfice d'inventaire dû
par. . , ... aux créanciers de la succession.*

1° Reddition du compte.

(Expliquer ici les démarches et les moyens employés
pour arriver au recouvrement des créances, détailler
celles touchées et celles mauvaises et désespérées non
reçues, en mot établir le compte de la recette et de la

dépense pour former la masse partageable. Comprendre dans la dépense les créances privilégiées.)

Ainsi que du tout M. . . . . justifie aux créanciers soussignés qui le reconnaissent.

Lequel compte présenté par M. . . . . en sa qualité a été par lui affirmé sincère et signé.

(Signature de l'héritier.)

2° *Contribution amiable.*

Répartition entre les créanciers du sieur. . . .

On a vu par le compte qui précède que le reliquat net entre les mains de M. . . . . est de. . . . . . 1,000 *fr.*

Le montant des créances, d'après l'état qui va suivre, étant de. 3,500

*Il en résulte qu'il existe un déficit de (*sous-traction inverse).* 2,500

Il y a donc lieu d'établir un marc le franc qui, d'après le calcul fait, donne. . . . . p. 100 ainsi qu'il va être établi ci-dessous (1).

Émargement	Noms et demeures des créanciers	Réclamations des créanciers	Réclamations de la succession par compensation.	Résultat net	Marc le franc à p. 100
	1° M...	....	....	....	....
	2°	.. ..	....	....	....

(1) *Règle de proportion*
1,000 : 3,500 :: 100 : X.

Le moyen à employer est d'ajouter deux zéros à la somme à partager et de diviser cette somme par le montant des créances réunies. Ce calcul donne le tant pour 100 et sert ensuite de base pour faire l'opération sur chaque créance particulière.

Lesquels dividendes seront versés à chacun des créanciers, leur émargement sur les présentes valant quittance.

Consentement

Nous soussignés créanciers de la succession du sieur. . . . après avoir examiné le compte ci-dessus présenté et l'établissement de la contribution amiable qui précède, et en avoir reconnu l'exactitude, consentons à ce que les dividendes ci-dessus établis soient versés à chacun de nous en déduction de nos créances respectives.

Fait à. . . . . . . en. . . . . . . originaux (Il faut autant d'originaux que de créanciers).

(Signatures).

CHAPITRE XXX

—

DE LA REDDITION DE COMPTE

684. — Les comptes peuvent se rendre de trois manières :

1° Par un procès-verbal à part que dresse le commissaire-priseur avec le concours des parties intéressées ;

2° Par la clôture même du procès-verbal de vente ;

3° Par un acte notarié.

685. — *Procès-verbal de compte à part dressé par le commissaire-priseur.* — En règle générale, aucun compte de vente à la suite ou en marge du procès-verbal ne doit être arrêté sous la forme du sous-seing privé, mais bien dans la forme authentique. L'enregistrement de cet acte est à faire au bureau dans l'arrondissement duquel le commissaire-priseur est domicilié. Cet acte doit être porté sur le répertoire à sa date. En voici la formule.

L'an mil huit cent. . . . . . et le . . . . . . en notre étude et par-devant nous N. . . . . . commissaire-priseur, a comparu

(établir les qualité de l'ayant compte; si c'est un créancier,
énoncer la pièce qui l'autorise à arrêter le compte et en
annexer ou la grosse ou la signification).

*Lequel nous a requis de lui rendre le compte de la vente par
nous faite à sa requête ou après décès de. . . . . suivant
notre procès-verbal en date du. . . . . . dûment enregistré.*

S'il a existé des oppositions aux deniers de la vente, il
y a lieu de mentionner qu'elles n'existent plus; dans le
cas où la justification de la main-levée est faite par le
requérant, on l'énonce ainsi :

*Ajoutant que suivant acte reçu par M. . . . . et son
collègue, notaire à. . . . . dont il nous représente une
expédition dûment en forme, laquelle demeure ci-annexée,
les sieurs N. . . . et N. . . . ont donné main-levée pure et
simple des oppositions par eux formées en nos mains (ou en
celles du greffier de la justice de paix de. . . . . .) nous
représentant en outre deux actes sous-seing privé, l'un à la
date du. . . . . enregistré à. . . . folio. . . . case. . . .
par N . . . qui a reçu . . . . . . ; l'autre en date du . . . .
enregistré a . . . . folio. . . . . . case. . . . . . . pour
N. . . . . . qui a reçu . . . ., lesquels demeurant
également ci-annexés, par les sieur N. . . . . et N. . . .
ont donné main-levée pure et simple des oppositions par eux
formées (énoncer le mode).*

Si les mains-levées n'ont point été précédemment données, elles peuvent être données par les opposants sur le
procès-verbal du rendant compte; on met alors :

*Nous exposant que MM. N. . . . et N. . . . sont prêts à
donner main-levée des oppositions par eux formées, et il a
signé sous toutes réserves après lecture.*

(Signature.)

Et à l'instant ont comparu :

1° M. . . . .

2° M . . . .

Lesquels nous ont déclaré qu'ils se désistaient des opposi-tions par eux formées (énoncer comment elles ont été formées), *consentant en conséquence à les considérer comme nulles et non avenues, et à ce que, en payant et vidant nos mains en celles du requérant, nos soyons valablement quitte et déchargé, sous toutes réserves néanmoins des causes des dites oppositions.* (Cette dernière partie de phrase se met lorsque le créancier, quoique n'étant pas payé, consent néanmoins à donner main-levée; il n'y aurait lieu de la mettre si le créancier était satisfait.) *Et ils ont signé après lecture* (1).

Ce à quoi obtempérant, attendu qu'il n'existe aucun empêchement ni opposition quelconque (s'il n'y a pas eu d'opposition), ou bien : *attendu qu'il n'existe aucun empê-chement ni opposition quelconque au moyen des mains-levées précédemment énoncées, nous avons établi ledit compte de la manière et ainsi qu'il suit :*

La recette formant le produit total de la vente est de (en toutes lettres.)

Sur quoi il convient de déduire les frais et honoraires s'élevant suivant taxe à la somme de... (en toutes lettres) » fr. » c.

La recette est de . . . . »   »
La dépense est de. . . . . »   »
Le reliquat est de. . . . . »   »

---

(1) Un commissaire-priseur ne pourrait recevoir ni rédiger un acte régulier d'une main-levée d'opposition, à la suite du procès-verbal de vente; la rédaction de ces actes appartient aux notaires seuls. Mais quand le commissaire-priseur paie et qu'on lui donne décharge même partielle, la décharge peut être inscrite à la suite du procès-verbal, ainsi que la main-levée des oppositions. Sa déclaration, sous ce rapport, est inscrite comme ci-dessus, dans la quittance même; tout autre mode de main-levée devant le commissaire-priseur serait irrégulier.

Partant il résulte du compte ci-dessus, ainsi qu'il a été calculé et vérifié, que la recette formant le produit total de la vente est de... (en lettres), *que la dépense et les paiements alloués et reconnus légitimes, sont de...* (en lettres); *en conséquence le reliquat est de...* (en lettres), *lequel reliquat nous avons à l'instant payé en numéraire au comparant qui le reconnaît, et nous en donne quittance et décharge définitive, nous déclarant entièrement quitte et libéré du montant de la vente et de toutes choses y relatives.*

Si l'ayant compte est un créancier, et si sa créance n'est pas couverte par le reliquat qu'on lui verse, on ajoute : *le tout à compte et à valoir sur la somme de... due au requérant pour les causes ci-dessus, faisant, dit le comparant, contre qui de droit toutes réserves pour le surplus de sa créance.*

Reconnaissant que toutes les pièces justificatives et à l'appui du présent compte lui ont été remises (1).

Si l'ayant compte ne touche pas le reliquat, mais en demande le dépôt, en l'énonce ainsi :

Duquel reliquat, ledit comparant nous a requis de faire le dépôt à la caisse des dépôts et consignations, sous toutes réserves de ses droits. (Dans ce cas il faut avoir soin de prévoir et de porter, dans le calcul des frais, ceux de dépôt.)

De ce que dessus nous avons dressé le présent procès-verbal, que le requérant a signé avec nous après lecture.

(Signatures.)

---

(1) Cette partie de la formule ne se met point lorsque le compte est arrêté par un créancier, parce que dans ce cas toutes les pièces justificatives doivent rester annexées pour être consultées par tous autres créanciers, s'il s'en présentait. Elle a de l'importance dans les autres arrêtés de compte où les frais ne sont pas taxés au préalable, dans le cas où la taxe serait ultérieurement demandée, parce qu'alors ce serait à la partie à en faire la représentation.

686. — 2° *Compte rendu par la clôture du procès-verbal de vente.* — Lorsque le requérant la vente en demande le montant aussitôt qu'elle est terminée, au lieu de clôturer le procès-verbal de vente comme d'ordinaire, et de faire un compte ensuite, après ces mots : *le montant de la vente est de 'la somme de...* on ajoute :

Et à l'instant, le sienr... (requérant) *nous a requis de lui rendre le compte de la vente à laquelle nous venons de procéder ; ce à quoi obtempérant, attendu qu'il n'est survenu aucun empêchement ni opposition, nous avons établi ledit compte de la manière et ainsi qu'il suit :*

Le surplus comme à la formule ci-dessus, (n° 689).

Il a été vaqué à tout ce que dessus, depuis, etc. De tout quoi, nous avons fait et rédigé le présent procès-verbal, etc.

Dans ce cas, il arrive presque toujours que le requérant accepte en paiement les bordereaux d'adjudications faites à crédit aux marchands ou à des personnes connues de lui, ou faites à lui-même ; c'est pour cela que dans les clôtures de procès-verbaux de vente, quoique faites au comptant, on met cette phrase : *Sauf les crédits spécifiés ou annotés en marge des présentes ;* la décharge doit se mettre alors ainsi :

Le reliquat est de la somme de... que nous avons payé immédiatement audit sieur... requérant savoir :

En numéraire... et le surplus en bordereaux d'adjudications faites à crédit, dont il déclare avoir connaissance et qu'il consent à recevoir pour comptant.

La décharge du commissaire-priseur est dès lors pleine et entière.

687. — 3° *Du compte rendu par-devant notaire.* — Le compte du commissaire-priseur peut-être rendu par-devant notaire, non pas qu'à cet effet un acte spécial soit rédigé, mais il est alors compris dans le procès-verbal de liquidation.

Le commissaire-priseur comparaît dans l'acte, présente son compte par recettes et dépenses ainsi qu'il est dit ci-dessus et fournit les pièces à l'appui.

Nous n'avons pas de modèle à donner, l'acte étant rédigé par le notaire, seulement, le commissaire-priseur doit veiller à ce que, dans la rédaction, sa décharge soit bien expresse et régulière.

Un extrait de cet acte doit être, aux frais des parties, remis par le notaire au commissaire-priseur qui l'annexe à son procès-verbal ; et, comme ordinairement cet extrait n'est que sommaire et ne contient pas les articles de compte, il est d'usage que le commissaire-priseur établisse ce détail à la suite de son procès-verbal de vente, par forme de simple mention non soumise à l'enregistrement.

688. — 4° *Du compte que rend l'officier vendeur, par compensation.* — Lorsque le compte n'a point été arrêté par les parties, le commissaire-priseur n'en est pas moins libéré, s'il justifie que ses frais de vente et ses diverses dépenses ont entièrement absorbé le monde la vente. Il s'opère alors une véritable compensation dans le sens de l'article 1290 du code civil.

Dans ce cas, on est dans l'usage de dresser à la suite du procès-verbal de vente, en forme de simple mention, un compte ou tableau de l'emploi des deniers.

Ce compte est rédigé dans la forme des récapitulations dont nous venons de donner modèle, (n° 689), il doit être appuyé des quittances de payement de frais ou dettes privilégiées, afin qu'à la première réquisition des parties intéressées, il puisse être présenté par l'officier vendeur.

Ce compte sert également à démontrer que sa libération est complète, lorsqu'ayant cessé ses fonctions, il fait la demande de son quitus.

689. — Quand le compte n'est pas rendu à un créan_cier, les créanciers qui sont payés par l'officier-vendeur peuvent donner quittance sous-seing privé, suivant la formule suivante :

Je soussigné (nom, prénoms, domicile et qualité du créancier) *reconnais avoir reçu des mains de M°...., commissaire-priseur, sur les deniers de la vente par lui faite par suite du décès du sieur..., ou de saisie sur le sieur..., la somme de* (en lettres), *montant de* (nature de la créance).

Si cette quittance est faite par un propriétaire pour raison de loyers à lui dûs, on peut ajouter :

Déclarant accepter par ces présentes congé des lieux occupés dans ma maison par ledit sieur...., pour le terme de....

Si celui qui fait le payement veut se faire subroger, on met :

Déclarant en outre subroger en mes lieu et place ledit sieur .... dans tous mes droits et privilèges à raison de la somme qui vient de m'être versée pour les exercer quand e contre qui il appartiendra.

Dont quittance à (l'endroit et le quantième).

(Signature du créancier.)

Cet acte n'a pas besoin d'être enregistré pour pouvoir être joint au compte, mais il doit être sur timbre.

690. — *Enregistrement du compte.* — Il n'est dû que
le droit fixe de deux francs vingt centimes pour l'enregistrement du compte, conformément au n° 43 de la
loi du 28 avril 1816, lorsque le compte est reçu par le
propriétaire des objets vendus, ses héritiers ou légataires,
et qu'il ne contient que des dépenses relatives à la vente
ou aux opérations de la succession ; mais il est dû un
droit proportionnel de cinquante centimes par cent
francs sur le reliquat, lorsqu'il est touché par un créancier, ou sur les articles concernant les paiements faits
aux créanciers, tels que les paiements pour loyers, pour
gages de domestiques, salaire d'ouvriers, etc., etc.

Cependant il faut distinguer, quant au droit d'enregistrement, les paiements faits à des créanciers présents
à la reddition de compte et qui donne quittance dans le
compte même, ou dont la quittance est enregistrée, et
les paiements qui ne sont que mentionnés dans le
compte, comme ayant été faits auparavant par le commissaire-priseur ; ces derniers n'étant déclarés que par
le débiteur ou l'officier vendeur son mandataire, leur
déclaration n'emporte pas libération, même preuve de
libération, d'où la conséquence que le droit d'enregistrement ne serait pas dû.

Les honoraires des commissaires-priseurs devant
être considérés comme frais de vente, ne doivent pas non
plus donner lieu au droit proportionnel, même au droit
fixe (1).

----

(1) Voir dans le *Journal des Commissaires-Priseurs,* 1841, p. 18,
un article important sur la question des droits d'enregistrement·
relativement aux sommes payées aux créanciers et aux honoraires
de l'officier vendeur.

CHAPITRE XXXI

—

DU DÉPOT A LA CAISSE DES CONSIGNATIONS

691. — Aux termes des articles 656 et 657 du code de procédure civile, « si les derniers arrêtés où le prix des ventes ne suffisent pour payer les créanciers, le saisi et les créanciers seront tenus, dans le mois, de convenir de la distribution par contribution. Faute par le saisi et les créanciers de s'accorder dans ledit délai l'officier qui aura fait la vente, sera tenu de consigner, dans la huitaine suivante, et à la charge de toutes les oppositions, le montant de la vente, déduction faite de ses frais d'après la taxe qui aura été faite par le juge eura minute du procès-verbal.

L'article 2 de l'ordonnance du 3 juillet 1816 prescrit aussi de déposer à la caisse des dépôts et consignations les sommes provenant de ventes de biens meubles, de toute espèce, marchandises et immeubles des faillis, et de leurs dettes actives dans le cas prévu par l'article 489 du code de commerce.

692. — Aux termes de l'ordonnance du 3 juillet 1816, doivent être versées, à la *Caisse des dépôts et consignations*, notamment, les sommes provenant de ventes de biens-meubles de toute espèce, par suite de saisies, ou même de ventes volontaires, lorsqu'il y aura des oppositions dans les cas prévus par les articles 656 et 657 du code de procédure civile; ainsi que les deniers provenant des ventes des meubles et marchandises des faillis, dans le cas prévu par l'article 489 du code de commerce.

Les versements sont faits dans la huitaine, à compter de l'expiration du mois accordé, par l'article 656 du code de procédure, aux créanciers pour procéder à une distribution amiable. Ce mois comptera, pour les sommes saisies et arrêtées, du jour de la signification au tiers saisi du jugement qui fixe ce qu'il doit rapporter. S'il s'agit de deniers provenant de ventes ordonnées par justice, ou résultant de saisies-exécutions, saisies foraines, saisies-brandons, ou même de ventes volontaires auxquelles il y aurait eu des oppositions, ce délai courra du jour de la dernière séance du procès-verbal de vente.

693. — Tout notaire, courtier, commissaire-priseur, huissier qui aura contrevenu aux obligations qui lui sont imposées par l'ordonnance du 3 juillet 1816, en conservant des sommes de nature à être versées dans la caisse des consignations, sera dénoncé par les préfets ou procureurs à celui des ministres dans les attributions duquel est sa nomination, pour sa révocation être proposée, s'il y a lieu, sans préjudice des peines qui sont ou pourront être prononcées par les lois.

694. — Les dépôts fait par les commissaires-priseurs à la *Caisse des dépôts et consignations*, opèrent la libération de l'officier vendeur.

695. — La consignation peut être volontaire; ainsi, les parties qui arrêtent le compte peuvent, sans y être forcées mais pour divers motifs, désirer ne pas toucher les fonds montant du reliquat, et elles en demandent le dépôt. Dans ce cas, et par analogie, le commissaire-priseur doit opérer ce dépôt dans la huitaine de l'arrêté de compte et du réquisitoire qui lui est adressé (1).

696. — Il peut arriver que les fonds provenant d'une vente aient été laissés entre les mains du commissaire-priseur sans que la succession soit ni bénificiaire ni vacante, et sans que ces fonds aient été frappés d'oppositions, mais par suite du désaccord ou de la négligence des parties; le commissaire-priseur qui veut se libérer peut opérer le dépôt en tout état de cause; c'est ce qui arrive notamment lorsqu'ayant cessé ses fonctions, il postule la délivrance de son *quitus*, il doit trouver dans le dépôt la libération qui lui manque de la part des intéressés ; à cet égard, il n'est soumis à aucun délai.

---

(1) Dans le compte à rendre par l'officier vendeur, préalable au dépôt des deniers à la caisse des consignations, on peut comprendre le paiement des frais et des honoraires des notaires, et les frais de poursuite d'huissier, mais sur taxe des mémoires. (Voir à ce sujet le *Journal des Commissaires-Priseurs*, 1860, p. 5 et 1864, p. 148.

697. — Dans les cas de consignation forcée, le commissaire-priseur doit se conformer à l'obligation de déposer dans le délai à la caisse les sommes de nature à l'être, et ce, sous les peines les plus sévères. L'ordonnance de 1816 porte qu'en cas de contravention il sera dénoncé par le procureur de la République, et que sa révocation ou destitution pourra être prononcée sans préjudice des peines portées par la loi.

Il pourrait être également soumis à des dommages-intérêts envers les parties qui viendraient se plaindre que son retard leur a fait perdre tout ou partie des intérêts que les sommes auraient pu produire si elles eussent été déposées

698. — L'huissier qui procède à une vente *volontaire* aux enchères publiques, doit verser le prix qu'il a touché à la caisse des consignations, par cela seul qu'une simple opposition a été formée entre ses mains. — Peu importe que le vendeur se soit réservé la faculté de toucher directement le prix des mains de l'acheteur (1).

699. — Quoiqu'après la vente de meubles saisis sur un débiteur, le commissaire-priseur vendeur, empêché par la sommation d'un créancier, ait omis, en présence des créanciers opposants, de déposer le prix à la caisse des consignations dans les termes de l'article 637 du code de procédure civile, le créancier privilégié sur le prix (propriétaire de l'appartement que garnissaient les

---

(1) En ce sens consulter un jugement du tribunal de Laval, du 20 juillet 1846, *Journal des Commissaires-Priseurs*, 1845, p. 358.

meubles vendus) ne peut obtenir directement contre le débiteur condamnation en paiement immédiat des sommes qui lui sont dues, et attribution sur les deniers de la vente, par voie de jugement commun entre les créanciers opposants et le commissaire-priseur ; il faut ouvrir une contribution (1).

700. — L'officier ministériel, qui procède à une vente mobilière, a le droit et le devoir d'exiger que, nonobstant une compensation, l'adjudicataire verse entre ses mains le prix de vente, pour être déposé à la caisse des consignations. L'adjudicataire ne peut se soustraire au paiement qu'en rapportant la mainlevée régulière de toutes les oppositions et le consentement de la partie saisie à ce qu'il ne verse pas son prix entre les mains de l'officier vendeur (2).

701. — L'officier public vendeur qui n'a pas consigné les deniers de la vente mobilière aux enchères du mobilier d'une succession, par suite d'incertitude sur les droits des héritiers et légataires, doit les intérêts du du montant du prix de la vente (3).

702. — L'officier vendeur doit consigner le prix de

---

(1) Tribunal de la Seine, 29 septembre 1849, *Journal des Commissaires-Priseurs*, 1850, p. 55.

(2) Consulter un jugement du tribunal de la Seine, du 14 février 1853, *Journal des Commissaires-Priseurs*, 1853, p. 22.

(3) Lyon, 8 février 1854, *Journal des Commissaires-Priseurs*, 54, p. 21.

la vente publique de meubles bien que les oppositions
soient nulles (1).

703. — En cas de de consignation, le commissaire-
priseur, pour sa décharge, n'est pas tenu de déposer le
montant entier de la vente, mais seulement les deniers
disponibles en ses mains, en déclarant que le surplus
reste encore dû au vendeur par les adjudicataires (2).

704. — Lorsqu'un commissaire-priseur procède à une
vente *volontaire*, s'il arrive qu'après la clôture du procès-verbal, des oppositions surviennent, et qu'ensuite
l'un des opposants demande le dépôt à la caisse des
consignations du montant de la vente, le commissaire-
priseur ne peut être forcé à déposer le prix total, si le
vendeur propriétaire a racheté une partie des objets
vendus et que le procès-verbal le constate. Il doit, au
contraire, détruire le bordereau de rachat du propriétaire, et déposer seulement le surplus, sauf à l'opposant
à avoir son recours sur les objets retirés de la vente (3).

705. — Pour effectuer le dépôt, le commissaire-priseur doit fournir au caissier un extrait de son procès-
verbal de vente, et cet extrait contient les noms et domicile des requérants, de la partie saisie ou du défunt,
le montant de la vente, le détail des dépenses faites et

---

(1) Cassation, 20 février 1862, *Journal des Commissaires-Priseurs*, 62, p. 108.

(2) *Journal des Commissaires-Priseurs*, 1843, p. 103.

(3) *Journal des Commissaires-Priseurs*, 1850, p. 216.

des frais de vente après taxe, et enfin l'état des opposants s'il y en a.

Ces frais doivent être taxés dans le cas de dépôt par suite de saisie ou d'opposition, ou lorsque la succession est bénéficiaire ou vacante, et cette taxe est faite par le juge (1).

Cette mesure a pour but de prévenir les lenteurs qui seraient éprouvées si, au moment où le juge viendrait à régler la contribution, la taxe était requise; elle est d'ailleurs, dans l'intérêt des tiers, qui, n'assistant ni au compte préparé par le commissaire-priseur, ni au dépôt, ne peuvent discuter le montant de ses frais. Mais cette taxe n'est pas prescrite lorsque le dépôt a lieu par suite d'un arrêté de compte sur la réquisition des parties qui en ont fixé le reliquat après examen.

Lorsqu'ils consignent des sommes par suite de dépôt forcé ou d'office, les commissaires-priseurs doivent faire taxer, non-seulement leur note de frais, mais encore celles des notaires, des avoués, huissiers et greffier de paix. Ces taxes sont faites par le président de première instance à l'égard des premiers, et par le juge de paix à l'égard des greffiers.

706. — Une reconnaissance ou récépissé de la somme consignée est délivrée au commissaire-priseur, qui doit la joindre à son procès-verbal de vente.

Cette reconnaissance est délivrée à Paris par le cais-

----

(1) L'article 657 du code de procédure dit que les frais seront taxés par le juge; mais dans les villes où il y a des chambres de discipline, la taxe se fait d'abord par ces dernières et est revue par le juge.

sier, dans les départements par les préposés de la caisse des consignations; elle doit indiquer le nom du déposant, et énoncer sommairement la cause du dépôt.

Autrefois, cette reconnaissance était délivrée sur timbre; on la délivre aujourd'hui sur papier libre ; si l'enregistrement devient nécessaire, elle est préalablement présentée au timbre.

Il n'y a aucun délai de rigueur pour cet enregistrement; néanmoins l'article 14 de l'ordonnance du 3 juillet 1816 paraît fixer ce délai à cinq jours, en disant que la caisse sera responsable des sommes reçues par les préposés, lorsque les parties auront fait enregistrer leurs reconnaissances dans les cinq jours du versement.

Il est dû pour cet enregistrement un droit fixe de deux francs vingt centimes.

FORMULE DE L'EXTRAIT A DÉLIVRER A LA CAISSE.

Cet extrait doit être grossoyé sur feuille à 1 fr. 20.

D'un procès-verbal dressé par M..., commissaire-priseur à.., en date des..., portant la mention suivante : enregistré (l'endroit), le (date), folio ou recto..., case..., (n°) reçu pour droits décime compris, la somme de... Signé (le nom du receveur de l'enregistrement.)

Il appert que lesdits jours et par le ministère dudit M°..., il a été procédé à la vente publique des meubles, effets et marchandises saisis et exécutés sur le sieur (nom, profession et demeure), à la requête du sieur (nom, profession et demeure), ou bien des meubles et effets dépendant de la succession du sieur..., sur la place publique de notre

ville, ou bien en tel domicile, *en vertu de jugement de...*
etc.

Que le montant total de ladite vente est de la somme de
(en lettres).

Sur quoi il convient de déduire :

*1° Pour frais de vente, suivant la taxe dûment faite par
M. N..., président du tribunal civil de première instance
séant à..., en date du..., la somme de* (en lettres).

2° La somme de (en lettres), *payée au sieur N..., propriétaire, pour loyers dûs, frais et accessoires, qu'il a été autorisé à toucher par ordonnance rendue sur referé par M. le
président du tribunal, en date du..., enregistrée et signifiée.*

3° Énoncer les payements et dépenses.

4° Enfin les frais du présent dépôt dont le détail
suit (1) :

1° Vacation au dépôt...

*2° Extrait des oppositions et du procès-verbal de vente
en... rôles...*

3° Timbre et enregistrement de la quittance s'il y a lieu...

Total des sommes à déduire (en lettres), *ci...* (en chiffres
et hors ligne).

*Lequel reliquat, montant à la somme de..., se trouve
frappé des oppositions ci-après,* (ou bien) *lequel reliquat
montant à la somme de..., a été par le comptable soussigné,
déposé cejourd'hui* (la date) *à la caisse des dépôts et consignations, à la charge des oppositions ci-après détaillées,
savoir :*

(Extraire les oppositions.)

1° Opposition, requête du sieur N... (nom, profession,

---

(1) Ces frais sont à la charge des parties et prélevés sur la somme.
(Art. 12, ordonnance du 3 juillet 1816.)

demeure et élection de domicile), *par exploit de..., huissier à..., en date du..., enregistrée* (ou formée sur le procès-verbal des scellés, ou le procès-verbal de vente), *pour sûreté, conservation et avoir paiement de la somme de..., principal de l'obligation souscrite par acte reçu par M*e*..., notaire à..., ou du jugement rendu, etc., ensemble des intérêts et frais, etc.*

2º **Ainsi de suite.**

La clôture de cet extrait se fait ainsi :

Pour extrait (ou expédition) *conforme aux originaux et minute, délivré par nous commissaire-priseur soussigné.*

707. — Si le dépôt est volontaire, l'extrait est beaucoup plus sommaire.

Après l'énoncé du montant de la vente on met :

Sur quoi il convient de déduire la somme de..., montant des frais de vente et des diverses dépenses vérifiée et reconnues légitimes.

Qu'en conséquence le reliquat net est de la somme de..., dont lesdits (noms des parties) *ont requis ledit M*e*... de faire le dépôt à la caisse des dépôts et consignations, à la conservation de leurs droits ou de tous autres qu'il appartiendra.*

Duquel reliquat il convient, néanmoins, de déduire les frais du dépôt dont le détail suit :

(Comme ci-dessus).

Reliquat net du compte, réduction faite des frais de dépôt, ci...

CHAPITRE XXXII

—

DES HONORAIRES & FRAIS DES DIVERS OFFICIERS VENDEURS

1° *Tarif des commissaires-priseurs.*

708. — C'est la loi du 18 juin 1843 qui règle tous les droits des commissaires-priseurs pour les prisées et les ventes publiques aux enchères de meubles et de marchandises en détail. Nous allons établir acte par acte les droits à percevoir (1).

709. — *Prisées.* — Les commissaires-priseurs perçoivent pour droit de prisée par vacation de trois heures, à Paris, Lyon, Bordeaux, Rouen, Toulouse et Marseille, 6 francs. Partout ailleurs, 5 francs.

Si l'officier vendeur était obligé de se transporter à une distance de plus d'un demi-myriamètre, il pourrait demander le paiement de ses frais de transport. Il est vrai que ce droit de transport n'est pas alloué par la loi du 18 juin 1843, et que l'article 3 de cette loi

---

(1) On trouvera dans le *Journal des Commissaires-Priseurs*, année 1862, p. 87 et suivantes, des modèles de taxe sur plusieurs points controversés d'après les règles le plus généralement adoptées au tribunal de la Seine.

interdit toutes perceptions directes ou indirectes autres que celles qu'elle autorise, à quelque titre et sous quelque dénomination que ces perceptions aient lieu ; il est vrai encore qu'en expliquant à la chambre des députés cet article 3, le rapporteur de la commission disait : « Toutes perceptions non écrites dans la loi sont donc proscrites, » et qu'il enveloppait dans cette proscription les rémunérations des transports. Mais il faut croire qu'il n'est pas, dans ces citations, question des transports extraordinaires ; car il est certain qu'un officier-priseur qui pour faire une prisée, sera obligé de se transporter à un, deux ou trois myriamètres de son domicile, ne pourra pas se contenter de la simple taxe de 6 francs ou de 5 francs *par vacation employée à la prisée.* Si cela était, il n'y aurait aucune parité entre les honoraires de celui qui opère au lieu même de son domicile et les honoraires de celui qui est obligé de se transporter. D'ailleurs, le transport lui-même ayant lieu *pour la prisée,* ne peut-il pas être considéré comme y étant employé ? — Le commissaire-priseur devra donc ou demander exactement ses *frais de voyage,* ou faire taxer comme vacation le temps qu'il y aurait employé (1).

710. — Si le commissaire-priseur était obligé d'employer un expert particulier ou essayeur, pour l'estimation d'objets d'or ou d'argent, les honoraires de cet expert, de même que ceux de tout autre expert particulier, seraient en dehors des droits de vacations attri-

---

(1) Ajoutons qu'il ne serait rien dû pour une distance de moins d'un demi-myriamètre.

bués au commissaire-priseur. Cependant, le juge taxateur appréciera la plus ou moins grande nécessité de prendre un expert spécial, s'enquerra du consentement qu'y auraient donné les parties, admettra en taxe ou rejettera suivant les circonstances.

Tout le temps de l'assistance du commissaire-priseur à l'estimation faite par l'expert, sera nécessairement compté comme vacation de prisée.

711. — Une vacation commencée est taxée comme vacation complète. Cela ne peut faire l'objet d'aucun doute, quand il n'y a qu'une seule vacation. S'il s'agissait d'une vacation incomplète à la suite de plusieurs autres, l'affirmative serait moins certaine; mais nous pensons que *toute* vacation commencée est censée accomplie.

712. — *Vente.* — Le 3ᵉ paragraphe de l'article 2 de la loi du 18 juin 1843 accorde aux commissaires-priseurs, pour tous droits de vente, non compris les déboursés pour y parvenir et en acquitter les droits, non plus que la rédaction des placards, 6 p. 0/0 sur le produit des ventes, sans distinction de résidence.

Les paragraphes suivants du même article et les articles suivants attribuent d'autres émoluments aux commissaires-priseurs pour certains actes qu'ils désignent. — L'article ajoute que toutes perceptions directes ou indirectes, autres que celles autorisées par la présente loi, à quelque titre et sous quelque dénomination qu'elles aient lieu, sont formellement interdites. En cas de contravention, l'officier public pourra être suspendu ou destitué, sans préjudice de l'action en répétion de la partie lésée, et des peines prononcées par la loi contre la concussion.

713. — Il importe, avant tout, de bien fixer le sens de ces dipositions ; et à cet égard, nous citerons quelques extraits des rapports et des discussions qui ont eu lieu aux Chambres, sur la loi du 18 juin 1843 : « L'usage constate, disait M. Dugabé, rapporteur à la chambre des députés, que le mode des ventes confiées aux officiers vendeurs varie à l'infini ; que des conditions de crédit, de délai, de terme, de responsabilité, de collecte de deniers, leur sont souvent imposées ; il était de notre devoir non de réglementer des usages aussi nombreux que les localités où l'on procède aux ventes, mais de rétribuer convenablement l'officier public, en mettant les citoyens à l'abri de prétentions exagérées. Nous avons dû, pour cela, trouver le terme moyen de ce qui se fait aujourd'hui, et nous n'hésitons pas à dire que le chiffre de 6 p. 0/0 uniformément établi, répond à tous les besoins, à tous les intérêts. Il ne faut pas se dissimuler, cependant que dans certaines localités les émoluments des commissaires-priseurs leur fourniront à peine des moyens d'existence ; cet inconvénient tient à l'extension exagérée du droit de créer ces sortes de charges. Le nombre en sera diminué par la force des choses, et l'expérience sanctionnera des mesures qui ménagent tous les intérêts. »

Sur ces expressions du paragraphe 3 *pour tous droits* de vente, non compris les déboursés, un amendement avait été proposé à la chambre des députés par M. Perrier, et repris au moyen d'un sous-amendement par M. Cousture, ayant pour but de préciser les droits

de vente, de déterminer notamment que la vacation à
ladite vente et la rédaction de la minute seraient
comprises dans les 6 p. 0/0. Ces députés demandaient,
en outre, que la première expédition du procès-verbal
y fût également comprise et fût délivrée gratuitement
aux parties. Ces distinctions ont été combattues par le
rapporteur de la commission. Il a établi que le principe
adopté de rétribuer par vacation les prisées, et par un
droit proportionnel la vente, était parfaitement clair ;
que des vacations ne pourraient donc être, dans aucun
cas, demandées pour la vente ; que la rédaction de la
minute ne pouvait non plus donner lieu à un droit
distinct. Quant à la première expédition, il est vrai que
la loi du 25 ventôse an IX la comprenait dans les droits
de vente ; mais d'après la loi actuelle, elle devra, dit
le rapporteur, être payée si la partie la requiert. Ces
expéditions ne sont d'ailleurs presque jamais deman·
dées : cela étant, lorsque la partie croira devoir requérir
expédition du procès-verbal dans son propre intérêt, il
est juste que cette expédition soit payée. — Sur ces
observations, les amendements de MM. Perrier et
Cousture ont été rejetés (1).

Enfin, sur l'article 3 relatif aux déboursés, M. le
rapporteur Dugabé s'exprimait ainsi : « Le chiffre
de 6 p. 0/0 ne contient point les déboursés faits pour
parvenir à la vente. Il est bien entendu, et sur ce point
nulle équivoque ne peut être permise, qu'il ne s'agit
que de déboursés réels, justifiés, comme l'insertion
dans les journaux, le prix du transport des objets à

____

(1) *Moniteur* 1843, 1ᵉʳ semestre, p. 917.

vendre. Aucun autre sens ne peut être donné à ces mots, *les déboursés faits pour y parvenir;* et votre commission a voulu, par des précisions, ne laisser aucun refuge aux interprétations qui se traduisent toujours en augmentation de frais. Toutes perceptions non écrites dans la loi sont donc proscrites ; les abonnements et les traités particuliers, les dispositions prétendues réglementaires, celles empruntées aux différents tarifs pour rémunérer des transports, des collectes de deniers, des comptes de liquidation, des décharges à donner ou à recevoir; tout doit disparaître pour faire place à la loi ; hors de ses termes il y aura exaction et concussion; la tolérance qui jusqu'à ce jour fut une nécessité sera désormais une faiblesse coupable, passible elle-même de répression (1). »

714. — Le texte de la loi et les diverses citations que nous venons de lire, indiquent quelles sont les limites dans lesquelles doivent être maintenus les vacations, émoluments et honoraires des commissaires-priseurs.

Quant aux 6 p. 0/0 accordés pour la vente, ils doivent être prélevés sur les prix de criée et d'ajudication. Si 5 p. 0/0 étaient mis à la charge des acheteurs en sus de ces prix, le commissaire-priseur ne pourrait prélever son droit de vente sur ces 5 p. 0/0, car il sont regardés comme frais d'usage et non comme produits de la vente. Il n'en serait pas de même si plus de 5 p. 0/0 était mis à la charge des acheteurs; alors le

____

(1) *Moniteur* 1843, 1ᵉʳ semestre, p. 887.

produit de la vente serait regardé comme diminué de tout ce qui excéderait 5 p. 0/0 dans ces charges; cet execédant devrait être rétabli dans le prix de vente pour fixer les 6 p. 0/0 du commissaire-priseur (1).

715. — Si un commissaire-priseur s'était déplacé pour faire une vente, et que la vente n'eût pas lieu par l'effet de la volonté du vendeur, soit parce que celui-ci aurait trouvé amiablement un prix avantageux de ses meubles, soit pour tout autre motif, le commissaire-priseur devrait nécessairement être indemnisé de tous les frais qu'il aurait faits comme frais d'annonces, d'affiches, de transport d'objets, de déplacement du crieur et des frais de son propre déplacement, surtout s'il avait quitté sa résidence (2).

716. — *Publicité donnée à la vente ;* — La loi de 1843, article 1ᵉʳ, n° 3, porte formellement qu'elle ne comprend pas la rédaction des placards dans les 6 0/0 accordés aux commissaires-priseurs. Il y a donc lieu de leur attribuer, suivant l'article 38 du tarif de 1807, pour rédaction de l'original du placard, 1 fr., — pour chacun des placards, s'ils sont manuscrits, non compris le timbre, 50 centimes.

Si les placards étaient imprimés, s'il y avait notice ou catalogue, le commissaire-priseur en serait remboursé sur les quittances de l'imprimeur.

---

(1) Sur le calcul du 6 0[0 on devra consulter les nombreux articles publiés dans le *Journal Commissaires-priseurs*, notamment en 1882, en 1883, p. 3 et en 1884, p. 22.

(2) *J. Commissaires-Priseurs*, 1843, p. 353 et 1846, p. 223.

Quant au procès-verbal constatant l'apposition des affiches, il est du ministère des huissiers, lorsque la vente est forcée ; quand elle est volontaire, il n'y a pas lieu à procès-verbal d'affichage, c'est le commissaire-priseur lui-même qui fait apposer les affiches.

Les insertions dans les journaux et les autres moyens de publicité sont remis aux soins du commissaire-priseur, que la vente soit forcée ou quelle soit volontaire. Une seule insertion est passée en taxe pour les ventes forcées.

Les insertions ne donnent pas lieu à des honoraires, le commissaire-priseur n'en peut donc réclamer que les frais.

717. — *Arrangement préparatoire.* — L'arrangement préparatoire est souvent nécessaire pour l'avantage de la vente, parce qu'il a pour objet la formation des lots, qui, bien composés suivant leur nature et leur qualité, sont vendus plus favorablement.

L'arrangement préparatoire est utile aussi pour reconnaître tous les objets inventoriés et qui seront vendus, sur lesquelles il est placé des notes ou étiquettes qui indiquent l'article sous lequel ils ont été compris dans l'inventaire, seul moyen d'assurer l'exactitude du récolement à faire en suite de la vente.

La loi du 18 juin, article 1er, n° 3, autorise les commissaires-priseurs à réclamer pour cet arrangement un droit de vacation, si l'arrangement préparatoire a eu lieu sur la réquisition des parties, constatée par procès-verbal du commissaire-priseur, et si de plus, le produit de la vente s'est élevé à 3,000 fr. Dans tous les cas, c'est-à-dire si l'arrangement préparatoire n'est pas requis par les parties ou si la vente ne s'élève pas à 3,000 fr., aucune vacation n'est due.

Chacune des vacations de trois heures pour l'arrangement préparatoire des objets mis en vente, donne droit, quand elle doit être passée en taxe d'après les règles sus énoncées, pour Paris, Lyon, Bordeaux, Rouen, Toulouse et Marseille, 6 fr. et partout ailleurs, 5 francs.

718. — *Contrôle des matières d'or et d'argent.* — La loi du 18 juin 1843 a, par son article 1er, n° 4, consacré le droit de percevoir par les commissaires-priseurs un émolument pour assistance à l'essai ou au poinçonnage des matières d'or et d'argent. Ce poinçonnage se fait avant ou après la vente. Le droit accordé aux commissaires-priseurs pour assistance, (outre les frais de transport des objets, et les frais de voyage et de déplacement du commissaire-priseur s'il y a lieu (1), est à Paris, Lyon, Bordeaux, Rouen, Toulouse et Marseille, de 6 fr. et partout ailleurs de 5 fr.

Ce droit ne représente pas une vacation de trois heures, mais le temps employé, quel qu'il soit, pour l'assistance à l'essai ou au poinçonnage.

719. — *Paiement des contributions et des droits de mutation.* — La loi du 12 novembre 1808, article 2, a imposé aux commissaires-priseurs l'obligation d'acquitter, sur la demande qui leur en serait faite, les impo-

---

(1) *Journal des Commissaires-priseurs* t. 3, p. 43.

sitions dues par les contribuables ayant droit aux deniers provenus de la vente, et a déclaré les commissaires-priseurs personnellement responsables de l'acquit de ces contributions.

La loi du 11 juin 1843 porte : article 1er, no 4, qu'il est alloué aux commissaires-priseurs, pour paiement des contributions, conformément aux dispositions des lois des 5 et 18 août 1791 et 12 novembre 1808, à Paris, Lyon, Bordeaux, Rouen, Toulouse et Marseille, 4 fr., et partout ailleurs, 3 fr.

720. — *Expédition du procès-verbal de vente.* — D'après l'article 1er, no 4, il est alloué pour expédition ou extraits de procès-verbaux de vente, s'ils sont requis, outre le timbre et pour chaque rôle de vingt-cinq lignes à la page et de quinze syllabes à la ligne, 1 fr. 50.

Il faut donc, pour que le droit d'expédition ou d'extrait soit dû, qu'ils aient été requis. Mais, ainsi que le disait le rapporteur de la Chambre des députés, les honoraires de la première expédition ne sont plus, comme sous la loi du 25 ventôse an IX, compris dans les six pour cent de la vente.

Le même droit de 1 fr. 50 c. par rôle doit être alloué au commissaire-priseur pour toute autre expédition ou extrait requis, notamment pour l'expédition d'un procès-verbal de prisée.

721. — *Consignation des deniers de la vente.* — Pour opérer cette consignation, à la Caisse des dépôts et consignations, il faut remettre au caissier un extrait de procès-verbal de vente, en ce qui concerne les qualités des parties, le produit de la vente et le compte qui fixe le reliquat à verser, ainsi qu'un extrait de chaque opposition formée sur le produit de la vente, soit aux scellés, soit autrement.

La loi de 1843 alloue, aux commissaires-priseurs pour cette consignation, un droit de vacation fixé pour Paris, Lyon, Bordeaux, Rouen, Toulouse et Marseille, à 6 fr. et partout ailleurs, 4 fr.

L'expédition d'une partie du procès-verbal de vente étant nécessaire pour le dépôt, il y aurait lieu d'accorder 1 fr. 50 c. par rôle.

722. — *Référés.* — L'article 1er, n° 2, de la loi du 18 juin 1843 accorde aux commissaires-priseurs pour assistance aux référés, ou pour chaque vacation, à Paris, Lyon, Bordeaux, Toulouse et Marseille, 5 fr. et partout ailleurs, 4 fr.

723. — *Compulsoires.* — S'l y avait lieu à compulsoire, c'est-à-dire à faire ordonner à un commissaire-priseur de compulser ses minutes pour y rechercher un acte dont la production serait jugée utile dans le cours d'une instance, des vacations devraient nécessairement être accordées au commissaire-priseur, comme elles le sont en pareil cas au notaire. On appliquerait au compulsoire du commissaire-priseur les vacations de 5 fr. et de 4 fr. qui leur sont accordées pour les référés par l'article 1er, n° 2, de la loi du 18 juin 1843.

724. — *Droit de recherches.* — Le droit de rechercher serait encore dû, quoique la loi de 1843 n'en fasse aucune mention : ce droit étant indépendant de toute vente ou prisée, ne pourrait être refusé,.

Nous croyons que pour une simple recherche il faudrait appliquer aux commissaires-priseurs les règles des greffiers des tribunaux, d'après lesquelles ils ne peuvent exiger aucun droit de recherche des actes et jugements faits ou rendus dans l'année, ni de ceux dont ils feront les expéditions. Lorsqu'il n'y a pas d'expédition, il leur est attribué un droit de recherche de cinquante centimes pour l'année indiquée; s'il est indiqué plusieurs années, ils perçoivent cinquante centimes pour la première et vingt-cinq centimes pour chacune des autres.

S'il est délivré un extrait à la suite de la recherche cet extrait se paie suivant le cours des expéditions, fixé par l'article 1er, n° 4 de la loi du 18 juin 1843.

725. — *Droits qui ne peuvent être perçus.* — Le commissaire-priseur ne peut percevoir aucun droit, ni pour le relevé d'inventaire lorsque la vente a lieu avant que l'inventaire ait pu être expédié ; ni pour le dégagement d'effets déposés au mont-de-piété ; ni pour la distraction et remise avant la vente d'effets en nature réclamés, soit par le survivant en exécution d'une stipulation de contrat de mariage, soit par tous autres, auxquels cette remise aurait été dite devoir être faite ; ni pour les déclarations qui doivent précéder la vente, déclaration au bureau d'enregistrement, au bureau de la Monnaie quand il existe des matières d'or et d'argent.

La déclaration au secrétariat des commissaires-priseurs à Paris ne donne non plus lieu à aucun droit ; et le commissaire-priseur ne peut réclamer qu'à titre de déboursé le franc qu'il paie pour cette déclaration.

De même rien n'est dû pour visa d'opposition;

pour récolement après la vente ; pour décharge du gardien ; pour paiement des frais de garde de scellés et autres ; pour compte et décharge donnée au commissaire-priseur.

Il en est de même, en cas de vente par autorité de justice, de l'assistance au procès-verbal de réquisitoire de l'huissier, dans lequel sont relatées les formalités acccomplies pour y parvenir : aucun droit n'est dû au commissaire-priseur pour cette assistance, même lorsque le réquisitoire est constaté par un acte séparé du procès-verbal de vente.

726. — Les *ventes par suite de séparation de biens* ne doivent avoir lieu à Paris, qu'en présence d'un membre de la Chambre, pour assurer que le jugement qui prononce la séparation a été strictement exécuté selon le vœu de la loi (1).

Il est alloué au commissaire-priseur, membre de la chambre, pour chaque vacation de trois heures, 6 fr.

Le montant de ces vacations ne doit pas être acquitté par le commissaire-priseur qui a procédé à la vente mais par le trésorier de la compagnie, comme charge de bourse commune.

727. — La *vente des fonds de commerce* est précédée, quelquefois d'une description avec prisée, tant des marchandises que des ustensiles et effets mobiliers servant à l'exploitation.

---

(1) Règlement homologué par le tribunal, le 21 frimaire an X, article 5 du titre 7.

Si le procès-verbal descriptif était, avant la vente, requis par les parties, il pourrait donner lieu aux vacations ordinaires de prisée; mais il est douteux que ces vacations passent en taxe si la vente a lieu par suite de saisie.

Il ne faut pas d'ailleurs confondre cette opération toute particulière de prisée, avec l'arrangement préparatoire autorisé par l'article 1er, no 3, de la loi du 18 juin 1843.

728. — La *taxe des frais* ne produit rien pour le commissaire-priseur. D'après l'article 2 de la loi du 18 juin 1843, l'état des vacations, droits et remises alloués aux commissaires-priseurs, est délivré sans frais aux parties. Si la taxe est requise, elle sera faite par le président du tribunal de première instance ou par un juge délégué.

729. — Les *ventes à terme*, lors même que le commissaire-priseur se serait chargé d'opérer le recouvrement du prix, ne donneraient pas lieu à un honoraire plus élevé en sa faveur. Après avoir dit, en effet, que le mode de vente confié aux officiers vendeurs varie à l'infini; que les conditions de crédits, de délai, de terme, de responsabilité, de collecte de deniers leur sont souvent imposées, le rapporteur de la loi de 1843, ajoutait que le chiffre de six pour cent répondait à tous les besoins, à tous les intérêts.

Il n'en est donc pas, à cet égard, de la vente de meubles comme de la vente de fruits et récoltes et coupe de bois taillis. Lorsque l'officier public a procédé à une vente à terme de ces dernières espèces d'objets, et qu'il est chargé d'opérer le recouvrement du prix, il a droit à une remise de 1 p. 0/0 sur le montant des sommes par lui recouvrées (1).

730. — *Frais et déboursés en cas de prisée ou de vente.* — Outre les vacations ; émoluments ou honoraires, dont nous venons de parler, le commissaire-priseur a droit à tous ses frais et déboursés.

La loi du 18 juin 1843, article 1er, n° 3, lui accorde formellement, en sus des 6 0/0 sur le produit des ventes, ses déboursés pour y parvenir et pour en acquitter les droits. Ainsi, il peut réclamer tous ses déboursés justifiés, comme le papier timbré, le transport des objets, ce que l'on paie aux hommes de peine ; le rapporteur de la commission de la chambre des députés disait formellement, en expliquant le sens de l'article 3 de la loi, que parmi les déboursés réels à réclamer, était le prix du transport des objets à vendre,

731. — Le *crieur* est-il à la charge du commissaire-priseur ?

L'utilité de la présence d'un crieur à la vente est évidente ; un crieur intelligent est sans contredit l'âme de la vente ; il serait impossible, d'ailleurs, que le commissaire-priseur reçut et proclamât les enchères, fît valoir les objets, excitât à surenchérir, et qu'il rédigeât en même temps son procès-verbal. Mais on objecte que la criée est une des formes inhérentes de la vente, quelle est censée faite par le commissaire-priseur ; qu'à

----

(1) Décret du 5 novembre 1851.

la rigueur, le crieur n'est pas indispensable. Pour couper court à toute difficulté, le commissaire-priseur pourra prendre pour crieur l'homme de peine employé presque toujours pour l'apport, sur la table de la salle, des objets mis en vente. Le salaire dû à cet homme de peine est un véritable déboursé dans le sens du tarif. Il ne saurait donc être compris dans les 6 0/0 du produit de la vente.

732. — *Abonnements.* — Il est interdit aux commissaires-priseurs de faire aucun abonnement ou modification, à raison des droits que leur accorde la loi de 1843, si ce n'est avec l'Etat et les établissements publics. Toute contravention sera punie d'une suspension de quinze jours à six mois ; en cas de récidive, la destitution pourra être prononcée.

Et ce ne sont pas seulement les traités ou abonnements à un taux supérieur aux droits accordés par la loi qui sont interdits, les abonnements à un taux inférieur le sont également, c'est-à-dire qu'un commissaire-priseur ne pourrait convenir, sans s'exposer aux peines de l'article 4, de prendre moins de 6 0/0 pour une vente (1). Cette interprétation n'est pas douteuse ; elle ressort des termes de l'article 4 lui-même ; elle a été unanimement admise dans la discussion aux Chambres, et l'un des principaux motifs que l'on invoquait pour étendre les dispositions de la loi nouvelle aux notaires, greffiers et huissiers, c'était que ces officiers feraient

____

(1) Loi de 1843 article 4. — Voir un jugement du tribunal de Nice, en date du 7 juin 1881, dans le *Journal des Commissaires-Priseurs*, 1884, p. 105.

aux commissaires-priseurs une concurrence insurmontable, puisqu'ils pourraient toujours prêter leur ministère à un taux inférieur à six pour cent tandis que les commissaires-priseurs ne le pourraient pas.

L'abonnement n'est donc permis qu'avec l'Etat ou avec les administrations publiques.

733. — Il résulte d'un avis du conseil d'Etat du 18 août 1838, que les frais et honoraires réclamés par les commissaires-priseurs pour les ventes par eux faites des meubles des contribuables en retard, doivent être taxés par les tribunaux d'après les règlements faits par les préfets et approuvés par le gouvernement. Un pareil règlement doit être considéré comme un abonnement permanent, autorisé entre les commissaires-priseurs et les administrations publiques par l'article 4 de la loi du 18 juin 1843.

Les frais relatifs aux poursuites pour le paiement des contributions indirectes sont ainsi tarifés pour tous les agents des poursuites; mais la nécessité de taxer les droits des commissaires-priseurs d'après le tarif de la préfecture n'existe que lorsque la vente a été poursuivie au nom de l'administration, et non lorsqu'elle l'a été à la requête d'autres créanciers du contribuable. (Lettre du ministère des finances, du 4 mai 1833.)

2° — *Tarif des notaires, greffiers et huissiers.*

734. — Depuis la loi du 18 juin 1843, le tarif des commissaires-priseurs des départements est fixé; mais une grande incertitude est restée sur le tarif des no-

taires, des greffiers et des huissiers, agissant comme officiers priseurs et vendeurs, hors toutefois ce qui concerne la taxe des huissiers pour les ventes forcées, qui ne peut être faite que suivant le tarif de 1807.

On s'est demandé d'abord si la loi sur le tarif des commissaires-priseurs du 18 juin 1843 était applicable aux notaires, greffiers et huissiers. Or il résulte de la discussion de cette loi (1) qu'elle ne concerne absolument que les commissaires-priseurs ; aucune de ses dispositions, soit celles sur le tarif, soit celles sur la défense d'abonnement ou de convention avec les parties, ne regardent les notaires, greffiers ou huissiers, considérés comme officiers vendeurs de meubles; ces officiers restent donc absolument sous le même droit qu'auparavant, et l'incertitude qui existait sur leur tarif existe encore.

Cependant le vœu formel a été exprimé dans les Chambres que leurs honoraires ou émoluments ne puissent dépasser ceux accordés par la loi aux commissaires-priseurs, qu'ils restent même au-dessous ; donc, si la taxe était demandée, et elle pourrait l'être, les tribunaux exempteraient les parties de tous droits supérieurs.

Aussi, dans l'année 1851, des circulaires de procureurs généraux ont fait connaître aux juges de paix que, par suite d'une décision du garde-des-sceaux, du 24 juillet 1850, les greffiers et autres officiers publics ne

____

(1) Chambre des députés, séance du 26 avril 1843, *Moniteur* du 27 p. 932.

peuvent percevoir au delà de 6 0/0, taux alloué aux commisaires-priseurs, sur le produit des ventes mobilières. Les mêmes circulaires enjoignent aux juges de paix de donner communication de cette décision aux greffiers, huissiers et notaires de leurs cantons, et de veiller à sa stricte exécution (1).

735. — Les notaires ont prétendu que la loi de 1793 a été abolie, quant à eux, par l'article 51 de la loi du 25 ventôse an II, et par le tarif de 1807, qui les autorise à régler amiablement leurs honoraires avec leurs clients, sauf l'appréciation souveraine du juge taxateur.

Le législateur, disent-ils, a jugé qu'un honoraire proportionnel est dû aux commissaires-priseurs comme indemnité de la garantie dont ils couvrent leurs clients ; mais les notaires en consentant à ne pas ralentir le cours des ventes pour recevoir à chaque adjudication le prix de l'objet vendu et à courir ainsi les risques de la solvabilité de l'acquéreur, agissent dans l'intérêt du vendeur, et peuvent bien stipuler une indemnité, et pour les risques et pour les travaux accessoires qu'occasionne la recette.

Les mêmes motifs pourraient être allégués par les greffiers et par les huissiers, hors toutefois qu'aucune disposition n'autorise ceux-ci à traiter avec leurs clients même sauf taxe par le juge ; et comme, d'un autre côté, depuis la loi de 1792, aucun article n'a réglé, en général, leurs honoraires, ni, en particulier, leurs droits

---

(1) Voir *Journal des Commissairis-Priscurs*, année 1850, p. 335.

de prisée ou de vente, sauf le tarif des huissiers sur les ventes forcées, il s'en suivrait que, dans tous les autres cas, ils seraient soumis au tarif du décret de 1793.

Mais jamais ce décret n'est appliqué : le tarif des notaires, greffiers et huissiers, pour les ventes volontaires publiques de meubles et de marchandises, se règle d'après le décret de 1807, ou d'après une taxe tant soit peu arbitraire, ou d'après la loi du 18 juin 1843 ; et, le ministre de la justice, par sa décision du 24 juillet 1850, semble autoriser surtout la taxe d'après cette dernière loi. De plus, la loi du 5 novembre 1851, en établissant un tarif uniforme entre tous les officiers vendeurs pour les ventes publiques volontaires de fruits et récoltes pendants par racines, est venu favoriser encore cette application.

736. — Mais si les notaires, greffiers et huisiers percevaient leurs droits de vente d'après la loi de 1843, ils devraient se conformer entièrement à cette loi, et borner tous leurs droits accessoires à ceux qu'elle accorde. Ainsi, ils ne pourraient, notamment, percevoir six pour cent sur le produit des ventes, et, de plus les droits accordés par le tarif de 1807 qui seraient repoussés par la loi de 1843.

737. — Quant au droit d'expédition, devrait-il être perçu suivant le tarif particulier des expéditions des notaires, greffiers ou des huissiers, ou suivant le tarif de 1843 ?

La loi de 1851, sur la vente des fruits et récoltes, a fixé un droit égal d'expédition pour tous les officiers auxquels cette vente est attribuée ; mais il est à remar_ quer que cette loi établit entre tous les officiers vendeurs une concurrence sans limites, et qu'elle leur défend de faire aucun abonnement ou modification à raison de leurs droits. Ce défaut d'analogie nous porte à penser que la meilleure règle est d'appliquer à chaque classe d'officiers les droits d'expédition de son tarif spécial, pour les ventes ordinaires de meubles ou de marchandises, car la loi de 1843 ne leur est, en définitive, appliquée que comme limite qu'il ne peuvent dépasser, et pour empêcher tout excès de perception, et par une espèce de tolérance.

738. — La vente des marchandises et effets mobiliers d'un failli à laquelle procède un huissier dans les conditions de l'article 486 du code de commerce, présente les caractères d'une vente forcée et, par suite, en l'absence d'un tarif spécial, l'huissier ne peut prétendre pour cette vente, qu'au droit de vacation fixé par l'article 39 du tarif du 16 février 1807, et non à celui de 6 0/0 attribué aux commissaires-priseurs par la loi du 18 juin 1843.

L'article 2 de la loi du 3 juillet 1861, qui, pour les ventes prévues par le code de commerce, assimile les huissiers aux courtiers et leur assure le bénéfice de la même taxe, ne peut être invoqué par les huissiers, qu'autant qu'il existe des courtiers dans le ressort du tribunal.

Dans le cas contraire, il ne peuvent réclamer que la taxe afférente aux huissiers et telle qu'elle est fixée par l'article 39 du tarif de 1807.

739. — Nous avons donné ci-dessus, toutes les dispositions des divers tarifs qui peuvent s'appliquer aux

notaires, greffiers et huissiers. Ces dispositions n'accordent que des vacations ou un droit fixe pour chaque acte. Nous n'avons pas parlé des vacations des greffiers des juges de paix ; elles sont fixées d'après les articles 1, 4 et 16 du tarif de 1807 combinés. Les vacations de ces greffiers sont, à Paris, de 3 fr. 32 c., — dans les villes où il y a tribunal de première instance, 2 fr. 50 c., — dans les autres villes et cantons ruraux, 1 fr. 66 c.

740. — Nous ne répéterons pas les taxes résultant des divers articles relatifs à chaque classe d'officiers vendeurs, nous nous bornerons à indiquer les émoluments que, d'après l'usage, et sans qu'ils soient portés au tarif de 1807, les officiers vendeurs, qui ne suivent pas le tarif de 1843, se croient autorisés à percevoir.

Pour les *prisées*, aucun article du tarif ne fixe le droit de vacation des prisées : l'article 39 alloue à l'huissier pour chaque vacation de trois heures à la vente sur saisie, à Paris, 8 francs, — dans les villes où il y a tribunal de première instance, 5 francs, — ailleurs 4 francs. Est-ce ce tarif que l'on devra suivre pour tous les officiers priseurs, ou appliquera-t-on aux vacations de chacun un tarif particulier ; ou bien encore, pourront-ils réclamer le droit de vacation fixé par l'article 1ᵉʳ de la loi de 1843 : 6 francs pour les commissaires-priseurs de Paris, Lyon, Bordeaux, Rouen, Toulouse et Marseille, 5 francs, partout ailleurs ?

On sait dans quel sens s'est prononcé le ministre de la justice dans sa circulaire du 24 juillet 1850 ; il est vrai que cette circulaire n'a rapport qu'aux ventes ; mais il y a même raison de décider relativement aux prisées.

Pour les *ventes forcées*, outre les droits formellement et nominativement autorisés par le tarif de 1807, les huissiers peuvent percevoir une vacation pour faire légaliser la signature de l'imprimeur du journal où les annonces de la vente ont été insérées. La légalisation est une formalité nécessaire toutes les fois qu'il s'agit d'une insertion dans les journaux.

Quant à la *vente volontaire*, elle donne lieu à la perception de tous les droits attribués à la vente forcée.

L'officier vendeur perçoit, en outre, pour *relevé d'inventaire*, quand la vente a lieu avant que l'inventaire ait été expédié, une ou plusieurs vacations.

Pour *dégager des effets déposés au mont-de-piété*, outre le salaire des hommes de peine employés au transport, une vacation.

Pour *arrangement préparatoire* et *formation des lots* indépendamment du salaire des hommes de peine employés pour cette opération, une ou plusieurs vacations.

Pour *distraction* et remise avant la vente *d'effets en nature*, réclamés soit par le survivant en exécution d'une stipulation de contrat de mariage, soit par tous autres auxquels cette remise aurait été ordonnée, une ou plusieurs vacations.

Pour *contrôle des matières d'or et d'argent avant la vente*, une ou plusieurs vacations, non compris le transport et les autres déboursés.

Pour chacune des *déclarations qui doivent précéder la vente*, soit au bureau de l'enregistrement, soit au bureau de la monnaie, soit au préfet de police, 75 centimes (argument de l'article 66 du tarif de 1807).

Pour chaque *visa* de l'original des *oppositions* formées sur le produit de la vente, et de tous autres actes signifiés à l'officier vendeur, 50 centimes (argument de l'article 18 du tarif de 1807).

Pour *réception* de chaque *opposition* sur le *procès-verbal* même, 50 centimes, (argument de l'article 18 du tarif de 1807.)

Pour le *paiement des contributions et droits de mutation*, une ou plusieurs vacations, non compris les frais de transport.

Pour *récolement*, après la vente, une ou plusieurs vacations.

Pour *décharge du gardien*, le coût d'expédition de l'extrait du procès-verbal qui renferme cette décharge.

Pour *contrôle et recense des objets d'or et d'argent*, après la vente, une ou plusieurs vacations, non compris les frais de transport.

Pour *compte et décharge*, une ou plusieurs vacations.

Pour *récolement après la vente*, afin de mettre l'adjudicataire en possession, lorsqu'il y a lieu, comme en cas de vente d'un fonds de commerce, une ou plusieurs vacations.

Pour assistance à un *référé* non compris le transport, une ou plusieurs vacations.

L'indemnité de transport est réglée, pour les greffiers de justice de paix, par les article 8 et 12 du tarif de 1807, pour les huissiers, par l'article 66. Mais ces articles ne paraissent obligatoires qu'en cas de vente forcée faite par un huissier. Dans les autres cas, les officiers vendeurs peuvent demander le montant exact de leur dépense, ou faire passer le temps employé au transport comme vacation.

741. — *Ventes de fruits et récoltes.* — Le décret du 5 novembre 1851, tarif des ventes de fruits et récoltes pendants par racines et des coups de bois taillis, est claire et précis. Ses dispositions ont, d'ailleurs, beaucoup de rapport avec celles du tarif de 1843. Ainsi, le décret comme la loi, met les *déboursés* en dehors du tant pour 100 accordé aux officiers vendeurs.

Il *défend* toutes *perceptions directes ou indirectes* autres que celles qu'il autorise.

Il *interdit* aux officiers publics de faire aucun *abonnement* ou *modification* à raison des droits qu'il fixe, si ce n'est avec l'Etat ou les établissements publics.

Tous les développements et explications que nous avons donnés plus haut sur les dispositions semblables de la loi de 1843, serviront donc d'interprétation à celles du décret du 5 novembre 1851.

742. — Le décret du 5 novembre 1851 est obligatoire pour tous les officiers vendeurs, commissaires-priseurs, notaires, greffiers ou huissiers, lorsqu'ils procèdent à une vente *volontaire* aux enchères de fruits et récoltes pendants par racines et de coupes de bois taillis. Ils ne pourraient donc plus invoquer d'autres tarifs ou dispositions relativement à ces ventes, soit pour les actes de la vente, soit pour les expéditions ou extraits de procès-verbaux qui leur seraient demandés.

Mais il n'en serait pas de même en cas de vente *forcée* ou *judiciaire*. Les ventes purement volontaires

rentrent seules sous l'application de la loi de 1851, et, par
conséquent, du tarif de 1851. Tout autre tarif pourra
donc être suivi pour les ventes forcées ou judiciaires de
fruits ou récoltes pendants par racines et de coupes de
bois taillis, selon qu'elles seront faites par les commissaires-priseurs, par les notaires, par les greffiers ou par
les huissiers. Notamment, les commissaires-priseurs
peuvent invoquer leur tarif spécial de 1843, et les
huissiers sont astreints à suivre le tarif de 1807.

743. — *Du recouvrement du prix de vente.* — D'après
l'article 2 du tarif du 5 novembre 1841, lorsque l'officier public, qui a procédé à une vente à terme, est
chargé d'opérer le recouvrement du prix, il a droit à
une remise de 1 p. 0/0 sur le montant des sommes par
lui recouvrées. Il n'est pas nécessaire pour que le droit
à cette remise existe en faveur de l'officier vendeur,
qu'il se soit rendu responsable du prix. Il suffit, aux
termes de la loi, qu'il ait été chargé d'en opérer le recouvrement.

744. — *Vente des marchandises en gros.* — L'article
10 de la loi du 25 juin 1841 sur la vente publique des
marchandises neuves, porte que, dans des lieux où
il n'y aurait point de courtiers de commerce, les commissaires-priseurs, les notaires, huissiers et greffiers
de justice de paix feront les ventes publiques en gros
de marchandises neuves, selon les droits qui leur sont
respectivement attribués par les lois et règlements, et
qu'ils seront, pour lesdites ventes, soumis aux formes,
conditions et tarifs imposés aux courtiers.

Le droit à percevoir pour les ventes en gros, d'après
l'article 11, du décret du 17 avril 1812, est à Paris de
1 fr., dont 50 cent. payés par le vendeur, et 50 cent.
par l'acheteur.

Sur les autres places on suit le tarif de Paris, à moins
d'anciens usages et règlements locaux contraires.

745. — Les officiers vendeurs ont-ils un privilège
et une action solidaire pour leurs honoraires?

Quant au *privilège*, on peut dire que l'inventaire à
lieu pour la conservation de la chose, et que, par suite,
(article 2102 du code civil, § 3,) les frais de *prisée* sont
prévilégiés. Cela n'est pas douteux surtout pour les
frais d'une vente forcée ou judiciaire.

Qnant à l'*action solidaire*, elle appartient aux officiers
vendeurs comme mandataires des parties, ou comme
experts, car les experts ont aussi une action solidaire.

Les frais de prisée à l'inventaire, droits et vacations,
sont, d'ailleurs, à la charge de la succession ou de la
communauté. Ils peuvent donc être réclamés, en entier,
contre la succession, au moins avant le partage. Lors
donc que la réclamation est faite en temps opportun, il
ne peut même être besoin d'invoquer la solidarité.

746. — La *taxe* des émoluments et honoraires des
officiers vendeurs appartient au président du tribunal
de première instance ou au juge par lui délégué. L'article 2 de la loi du 18 juin 1843 porte que l'état des
vacations, droits et remises alloués aux commissaires-
priseurs sera délivré sans frais aux parties. Si la taxe
est requise, elle sera faite *par le président du tribunal de*

première instance ou par un juge délégué, disposition qui n'est qu'une application de la règle commune, qui veut que les frais soient liquidés par les tribunaux devant lesquels ils ont été faits, ou dépendent des officiers ministériels qui en réclament le paiement.

Mais les greffiers de justices de paix devront-ils, comme les commissaires-priseurs, les notaires et les huissiers, faire taxer par le président du tribunal de première instance leurs frais de vente et de prisée, ou pourront-ils s'adresser au juge de paix?

Comme greffiers, ils dépendent de la justice de paix ; mais comme officiers vendeurs ou priseurs, ils sont plutôt dépendant du tribunal de première instance. Aussi, la proposition de M. de Sainte-Beuve sur la vente des fruits et récoltes, et le projet de la commission de l'Assemblée nationale, dans les dispositions sur le tarif qu'ils contenaient, attribuaient-ils au président du tribunal de première instance, ou au juge délégué, la taxe des frais de ces sortes de vente, qu'elles eussent été faites par les greffiers ou par les autres classes d'ofciers vendeurs.

747. — Dans les villes où il y a des chambres de discipline, la taxe se fait d'abord par la chambre ; elle est ensuite revue par le juge.

Les frais doivent toujours être taxés, en cas de dépôt à la caisse des consignations par suite de saisie ou d'opposition, ou lorsque la succession est bénéficiaire ou vacante.

748. — Les frais sont taxés par le juge sur la minute du procès-verbal de vente. S'ils ont été primitivement taxés, il est inutile de les détailler de nouveau, on porte leur chiffre en bloc, il n'y a lieu alors de faire qu'une seule colonne ; l'on doit avoir soin d'annexer à la minute l'état taxé par la chambre de discipline ou par le juge ; cet état doit être sur timbre, mais il n'y a pas lieu à le faire enregistrer.

Quoique le compte du commissaire-priseur ait été arrêté sans taxe préalable par la partie intéressée, celle-ci peut néanmoins demander ultérieurement la taxe des frais ; le commissaire-priseur ne pourrait au contraire demander un supplément.

749. — Quant aux *actions* des officiers vendeurs *en paiement des honoraires* qui leur sont dus par les parties, elle doivent aussi, aux termes de l'article 60 du code de procédure, être portées au tribunal dont ils dépendent, c'est-à-dire devant le tribunal de première instance.

Cependant, le plus souvent, dans l'usage, ces sortes de demandes sont déférées au juge de paix lorsqu'elles sont, par leur chiffre, dans les limites de leur compétence, les juges de paix de Paris, pour éviter aux parties des frais moins considérables devant le tribunal civil, prononcent journellement sur des demandes de paiement de frais plus intentées par les officiers ministériels, au quand la partie adverse n'oppose pas le déclinatoire. Si les frais n'ont pas été taxés, ils renvoient à la taxe pour statuer ensuite.

TABLE ALPHABÉTIQUE
DES MATIÈRES

Nota. — Les chiffres renvoient aux numéros des paragraphes.

A

Abonnements ou modifications au tarif, interdiction absolue, 733 ; — exceptions avec l'Etat et les établissements publics, 734.

Achalandage (Vente d'un), compétence, 328 à 330.

Acquéreurs insolvables, action de l'officier vendeur, 218.

Actes rédigés par les commissaires-priseurs, leur authenticité et leur force exécutoire, 100.

Actes exécutoires. Quels sont-ils, 406 à 411.

Action des officiers vendeurs pour le recouvrement de leurs frais et honoraires, 749.

Adjudication aux enchères, comment se forme le contrat, 207 ; — responsabilité de l'officier vendeur, 210.

Affichage, conditions à remplir, 46.

Affiches, procès-verbal d'apposition, 389 à 393.

Agrès et apparaux (Vente d'), compétence, 357.

Amendes d'enregistrement, prescription, 115,

Annexes aux procès-verbaux de vente, 280 ; — au procès-verbal de vente après décès, 403.

Argenterie (Pièces d'). Exposition préalable, 424 ; — estimation, 440 et 441.

Arrangement préparatoire des objets destinés aux enchères, émoluments, 718.

B

Bateaux (Ventes de) consacrés à la navigation intérieure, compétence, 360.

Bestiaux saisis par les gardes forestiers (Vente de), 516.

Bijoux; exposition préalable, 424 ; — estimation, 440.

Bois de construction refusés par la marine, 538.

Bourse commune, formation, 47 — modification impossible, 49 ; — but, 51 ; — répartition, 52 ; — versements, 53 ; — surveillance, 54 — frais, 55 ; — droits des héritiers, 56 ; — ventes à crédit, 57 ; — commissaire-priseur destitué, 58.

C

Caisse des dépôts et consignations ; dépôts des deniers provenant des ventes, formalités, 691 à 707.

Candidats aux fonctions de commissaires-priseurs, conditions à remplir, pièces à produire, 8 à 13.

Cautionnement, quotité, 29 ; — versement, 30 ; — affectation, 31 ; — complément, 32 ; — retrait, 33.

Certificats de stage et autres, 10.

Cessation de commerce, (ventes après), formalités, 552 à 559 et 575.

Chevaux de réforme, vente, 200.

Clientèle (Vente d'une), compétence, 328 à 330.

Comestibles (Vente de), 563 et 564 ; — signification du mot comestible, 570.

Comices agricoles, ventes d'objets leur appartenant, 204.

Commissaires - priseurs, historique de la législation, 1 à 8 ; — nomination, conditions à remplir, 8 à 13 ; — cautionnement, 29 à 34 ; — serment, 34 ; — costume, 35 ; — patente, 36 ; — incompatibilités, 37 à 41 ; — dépositaires publics, 43 ; — leurs rapports avec l'autorité munipale, 46 ; — discipline, 75 à 99 ; — attributions, 310 et suiv.; — concurrence avec les divers officiers vendeurs, 310 à 360.

Commissaires-priseurs de Paris. Création des offices, 6 *bis* ; — liste alphabétiqne des titulaires, 6 *bis* ; — bourse commune, 47 à 58 ; — chambre de discipline, 76 à 84 ; — étendue territoriale de leurs attributions, 310.

Commissaires - priseurs des colonies. Algérie, Sénégal, La Guadeloupe, Papaëte, La Martinique, Indes françaises, Guyane française, 7.

Commissaires - priseurs des départements. Création des offices, 6 ; — liste alphabétique des offices créés, 6 ; — étendue territoriale de leurs attributions, 311.

Commis-greffiers, incompétents comme officiers vendeurs ou priseurs, 343.

Compulsoire, droits accordés aux commissaires-priseurs, 724.

Concurrence entre officiers vendeurs, 308 ; — étendue territoriale de leurs attributions, 310 à 318 ; — concurrence des commissaires-priseurs avec les notaires, 320 à 336 ; — .... avec les huissiers, 337 ; — ... avec les greffiers, 338 à 343 ; — ...avec les courtiers, 344 à 360.

Consignation des deniers de la vente à la caisse des dépôts et consignations, 691 à 707 ; — émoluments, 728.

Contraventions à la loi de 1841 sur les ventes des marchandises neuves, 613 à 618 ; — confiscation, 619 à 622 ; — amende, 623 ; — solidarité entre le vendeur et l'officier public, 624 ; ventes judiciaires, état détaillé, 625 à 627.

Contribution amiable entre les créanciers, 669 à 682 ; — formule d'une contribution amiable, 683.

Contributions directes. — Vente après saisie par l'administration, 494 à 507.

Contributions indirectes. —Vente d'objets saisis par l'administration, 508.

Contributions (Paiement des) par l'officier vendeur, émoluments, 720.

Contrôle des matières d'or et d'argent, émoluments, 719.

Coupes de bois (Vente de). — Législation spéciale, 633 ; — bois de haute futaie, 634.

Courtiers, attributions, concurrence avec les commissaires-priseurs, 344 à 360.

Costume, description, 35.

Cri public (ventes à). Définition, 545.

Crieurs ne peuvent se rendre adjudicataires, 40 : — choix des crieurs, 267 ; — par qui sont-ils payés, 732.

D

Déclarations à l'enregistrement, 241 à 251 : — .... à la Chambre des commissaires-priseurs, 252 à 256 ; — ... à la Monnaie, 257.

Dépôt du prix de vente à la caisse des consignations, 695.

Discipline, pouvoirs des tribunaux, 85 ; — pouvoirs des procureurs généraux et du ministre, 91 ; — des chambres de discipline, 76.

Douanes. — Vente d'objets saisis par l'administration, 511 à 514.

Droits de mutation (paie-